治理学：东方治理智慧丛书

治理十讲

蔺雪春 ◎ 编著

西南交通大学出版社
·成　都·

图书在版编目（CIP）数据

治理十讲 / 蔺雪春编著. —成都：西南交通大学出版社，2020.10
ISBN 978-7-5643-7770-0

Ⅰ. ①治… Ⅱ. ①蔺… Ⅲ. ①国家－行政管理－高等学校－教材 Ⅳ. ①D035

中国版本图书馆 CIP 数据核字（2020）第 210233 号

Zhili Shijiang
治理十讲
蔺雪春　编著

责任编辑	郭发仔
助理编辑	罗俊亮
封面设计	付　惠
出版发行	西南交通大学出版社 （四川省成都市金牛区二环路北一段 111 号 西南交通大学创新大厦 21 楼）
发行部电话	028-87600564　028-87600533
邮政编码	610031
网　　址	http://www.xnjdcbs.com
印　　刷	成都勤德印务有限公司
成品尺寸	170 mm × 230 mm
印　　张	12.5
字　　数	177 千
版　　次	2020 年 10 月第 1 版
印　　次	2020 年 10 月第 1 次
书　　号	ISBN 978-7-5643-7770-0
定　　价	45.00 元

卷首致谢

感谢国家社科基金项目支持（16BKS056）

感谢山东省高等学校青创科技支持计划项目支持（2019RWG020）

感谢山东省高水平应用型立项建设专业群山东工商学院“劳动与社会保障”专业群支持（2016）

感谢所在单位师生和家人朋友、出版社同仁关心支持

…　序

治理，是中国智慧恒久弥新的历史主题、主流话语。然西学东渐以来，中国公共行政公共管理研究陷入事必翻译解读西方文献的窠臼，面临某种有学问、缺立场观点，有理论、缺思想智慧，有知识、缺根本常识的困境。一方水土一方人，确是到了一种用心耕耘自己历史土壤，明心智、树观点、归常识的时候。

编著者抛砖引玉，期望更多力量推动发展中国式治理学，加强中国治理思想智慧传承转化，促进中国智慧走进当前学术问题、实践难题。直如孔子、曾子、孟子、荀子等先贤告诫，“君子求诸己”，“人病舍其田而芸人之田，所求于人者重，而所以自任者轻”，“失之己，反之人，岂不迂乎哉！”

中国治理思想智慧博大精深，本书仅能简易言之。一是，作者能力知识浅薄，尚不能窥其一二。有如《荀子》言：“道者，体常而尽变，一隅不足以举之。”再是，述说议论体式简单，仅择一二以便遵循。或如《周易》言：“易则易知，简则易从……易简而天下之理得矣。”故仅能简易言之，简易从之。

由此，立框架，集智慧，明本义，鉴古今，做比较。编著者拟根据不同选题、自身研究能力、研究进展等情况出版若干期，并汇以“治理学：东方治理智慧丛书”之名。试图将马克思主义与中国传统文化思想有机融合，前沿问题与中国历史智慧有机融合，为推动构建新时代中国特色社会主义公共行政公共管理研究体系，为构建治理学体系贡献绵薄之力。

此期从总观“治理”入手，侧重选取先秦、两汉的名人治理思想和《资治通鉴》等提供的历史案例加以编研，并结合当前公共行政公共管理中的相应议题进行诠叙阐释，冀望读者有所启发收获。但两汉以来，隋、唐、宋、元、明、清等各时期无论经济政治治理，还是社会治理，都有巨大发展进步，仍有很多经验智慧值得总结、大书特书。因此，书名虽曰“井”，但各章名称仍以“题一”“题二”等题目形式呈现，供广大有识之士进一步深入关注和开放式探讨解答。

同时需要说明的是，本期每个部分出于“明本义”之需，主要是采用词义学或词源考究办法对相应专题的含义概念从甲骨、金文、篆文和隶书，以及《说文解字》等线索逐一简要剖析。但对这些汉字和概念后来的历史演化并未再深入梳理，也未进一步揭示这些范畴、事务在后来历史发展中形成的中国治理智慧是如何得以传承创新的，仅是初步提出这些范畴或事务，起到抛砖引玉的作用，仍需广大有识之士结合历史发展与现实需要着力精琢。

囿于编著者能力精力限制，书中的各种问题当由编著者本人负责，并诚恳接受广大专家学者批评指正。

是为序。

2020 年 3 月 28 日醉雨雪斋

… 目 录

题 一

治世不一道：治理范式变迁之道

孝公平画，公孙鞅、甘龙、杜挚三大夫御于君。虑世事之变，讨正法之本，求使民之道。君曰："代立不忘社稷，君之道也；错法务明主长，臣之行也。今吾欲变法以治，更礼以教百姓，恐天下之议我也。"

…………

杜挚曰："臣闻之：'利不百，不变法；功不十，不易器。'臣闻：'法古无过，循礼无邪。'君其图之！"

公孙鞅曰："前世不同教，何古之法？帝王不相复，何礼之循？伏羲、神农教而不诛，黄帝、尧、舜诛而不怒，及至文、武，各当时而立法，因事而制礼。礼、法以时而定，制、令各顺其宜，兵甲器备各便其用。臣故曰：治世不一道，便国不必法古。汤、武之王也，不循古而兴；殷、夏之灭也，不易礼而亡。然则反古者未必可非，循礼者未足多是也。君无疑矣。"

孝公曰："善！吾闻'穷巷多怪，曲学多辨'。愚者笑之，智者哀焉；狂夫乐之，贤者丧焉。拘世以议，寡人不之疑矣。”于是遂出《垦草令》。

——《商君书·更法第一》

西方近年来的观点认为，管理已取代行政，公共管理已取代公共行政。另有治理概念，则宏大而无味。而在东方言之不然，“治”或治理一直是恒久弥新的历史主题、主流话语。“天有其时，地有其财，人有其治。”①不论行政还是管理，皆可统一于“治”的知行体系内。早在 2300 年前，围绕“治”的思想主题，秦孝公就组织过一场著名的变法辩论，并已说明，“治世不一道”。②两下相较，看待事物角度、高度、格局不同。“山近月远觉月小，便道此山大于月。若人有眼大如天，还见山小月更阔。”③恰以“治”的理念、思想、智慧，中国走过了五千年。治心、治言、治行，正己、正人、正道，此诚可谓也。

一、粲然东方治理智慧

比较而言，当前通行的公共管理基础理论，甚至管理理论，是西方中心主义的理论范式。但必须指出，当代中国站起来了，富起来了，强起来了，中国化管理理论与实践必然也要复兴。站起来、富起来、强起来的中国，如果广大治理者、学习者所思所学管理体系、行为方式皆为西方化产物，对中国来说将出现何种结果？从世界角度看，西方中心主义模式不能包治一切，数百年来它制造的问题危机和它解决的问题危机一样让人警醒。我们又有什么理由，不总结、传承、发展好中国治理思想智慧？

---

①《荀子·天论》，方勇、李波译注，北京：中华书局，2015 年，第 266 页。
②《商君书·更法第一》，石磊译注，北京：中华书局，2011 年，第 6 页。
③ 束景南、查明昊辑编：《王阳明全集补编》，上海：上海古籍出版社，2016 年，第 2 页。

"道也者，治之经理也"，"古今之正权也"，[1]"道存则国存，道亡则国亡。"[2]真正的站立、富裕与强健，首在思想思维站立、富裕和强健。中国有这样的优秀资源，但缺乏针对现当代需要，对中国传统优秀治理思想的创造性传承转化、创新性塑造发展。中国文化本身就是特色，蕴涵大千世界；中国本身历史就是一种潮流、空间，经久不衰有璨然于世之势。西方有所谓苏格拉底、柏拉图、亚里士多德……其思想经过文艺复兴发展为林林总总的人文社会科学体系，甚至有渐行东方"言必称希腊"之谓。[3]那么中国公共管理学、管理学，或者更干脆说治理学，又应如何发展？《周易》云："天下同归而殊途，一致而百虑。"[4]美国摩尔根亦说："人类历史的起源相同，经验相同，进步相同。"[5]但每一分支都有其鲜明特点。中国不能在西方式的全球化中迷失自己。中国有中国思维，中国有中国智慧，有过辉煌更可以重铸辉煌。我们应当在重新认知、承续中国古典治理思想智慧基础上"度之以远事，验之以近物，参之以平心"，[6]努力通过一场中国古典的"文艺复兴"，实现古为今用、参照镜鉴、充实发展。唯此，方能学会"照着说"，做好"接着说"。而且只有照着自己说、接着自己说，才能说得好、说得有力，行稳致远，不仅有益中国，也有益世界。就像西方行政管理学奠基人、美国第28任总统伍德罗·威尔逊《行政学研究》所言，他谋求构建的是美国式类型行政学，立论的前提假设是"一种走向美国式类型的倾向"，愿景

①《荀子·正名》，第365、371页。
②《荀子·君道》，第197页。
③《毛泽东选集》第三卷，北京：人民出版社，1991年，第797页。
④《周易·系辞下传》，杨天才译注，北京：中华书局，2016年，第375页。
⑤ [美]路易斯·亨利·摩尔根：《古代社会》上册，杨东莼、马雍、马巨译，北京：商务印书馆，1981年，序言。
⑥《荀子·大略》，第467页。

是像 19 世纪英国那样“再度掌握世界的航向”，[①]方法是历史比较，但原则却是“那些不仅被其他国家的肯定性经验所认可，并且也与美国习惯相契合的种种安排，必须毫不犹豫地优先从理论上进行完善”，“‘世界性’的做什么永远应该由美国式的‘如何做’所支配”。[②]当然，中国从来不谋求霸权，但并不妨碍中国构建中国式类型治理学，并不妨碍中国成为全球治理全球建设经验借鉴的模式典型。

具之当前，中国特色社会主义进入新时代，中国的公共管理学或行政学发展面临新定位。面对复杂国内国际形势和历史变局，中国公共管理学为谁培养人、培养什么样的人、怎么培养人，从何处来、向何处去，如何发展、何以发展，对有效塑造一支坚定完善发展中国特色社会主义制度，坚持以人民为中心，推进国家治理体系和治理能力现代化的管理人才队伍至关重要。公共管理、行政管理学科教育教学，承担为政府部门和非政府机构培养推动经济社会发展、管理社会事务、服务人民群众等高素质人才重任，他们中很多人成为公共机构的高级管理者甚至领导者，在党政和经济社会部门承担重要决策、执行或监管角色，对引领实现社会主义现代化和中华民族伟大复兴和发展进程有重要影响。

但来自西方范式的公共管理学体系与新时代中国特色社会主义管理人才培养需要并非一致。公共管理学核心理论形成至今，一直是西方的经济学理论和私营部门管理理论，天然带有西方自由主义政治经济印记。它的出发点是理性经济人假设，倡导私有制的自由竞争，议的是政府失灵，借鉴的是私营企业管理模式。这其中有很多值得我们学习借鉴的有益元素，但它最终生长、适应和改造的土

① [美]伍德罗·威尔逊:《行政学研究》，载彭和平、竹立家等编译.《国外公共行政理论精选》，北京：中共中央党校出版社，1997 年，第 26 页。
② [美]伍德罗·威尔逊:《行政学研究》，第 25 页。

壤是全面产权私有化制度、自由市场经济体制，排斥国有企业和规避政府过问企业经营。加快推进落实新时代中国特色社会主义事业各项工作，关键在管理者。因此，不强化当前管理人才队伍的马克思主义哲学、政治经济学和科学社会主义理论素养，不强化马克思主义与中国传统文化智慧融合，不加快构建传播“治国理政”的中国特色治理话语体系，不加快利用中国特色治理理论充实公私机构管理思维和服务意识，是危险的。目前党校系统、行政学院系统的公共管理或行政管理教育尚未形成一套富有中国特色、广受推崇认可的范式体系，普通高校公共管理教育更以西方公共管理公共行政经典教育为主。长期接受西方范式公共管理学公共行政学影响，容易造成当下领导干部队伍政治与行政、决策与执行、意识形态与运作方法两张皮，与中国历史、中国实践两张皮，部门执行落实和顶层规划部署脱节。

将马克思主义与中国传统文化思想有机融合，前沿问题与中国历史智慧有机融合，立框架、集智慧、明本义、鉴古今、做比较，可以为构建新时代中国特色社会主义公共管理理论、治理学体系提供充分思想理论基础、实践基础。一是，马克思政治经济学与一般西方经济学理论有重大区别。马克思主义政治经济学注重经济范畴的社会性、历史性、辩证性。马克思主义的生产理论视生产、分配、交换、消费为有机整体，生产与消费相互作用和反作用，分配、交换影响两者作用和反作用，进而注重生产力与消费力、需求与供给间的社会条件、社会关系调整，注重生产方式交替基础上低水平供需向高水平供需的有序发展。二是，马克思主义的公共产品思想，基于合理调节人与自然之间的物质变换，注重联合生产、计划协调、共同控制、共同享有，注重公共态、共有态、市场态（私人态）间合理转换。马克思说的管理活动也与私营部门管理有重大差别，认为随着社会生产方式、生产分工发展，凡为取得共同结果而进行的协作劳动或社会结合劳动，都会形成专门监督和管理活动，进而产生专门的公共事务公共职能，这与是否私营或资本无关，而与共同的社会劳动付出和价值收益相关。三是，公共管理学主要研究对象是公共机构、公共事务，本质是对基于公共资源、公共利益、公共价值而产生的社会合作事务、集体行动、公私利益平衡等公共问题、社会问题进行研究。对社会生活过程即物质生产过程的形态和内部关系、对社会生产资料等公共资源进行有意识有计划的社会协调配置，正是立足公有制基础的科学社会主义力图研究解决的重要问题，是社会主义主旨所在。而注重社会合作、注重集体特性，正是中国治理思想智慧的重要特点。四是，习近平新时代中国特色社会主义思想富有成效的治国理政实践，全面深化改革重大举措，为形成扎根中国土壤、饱蕴中国特色的公共管理学理论，或干脆说治理学，提供了重要研究内容、重大现实背景和内在促进力量。

“习俗移志，安久移质。”[①]加强中国公共管理学或治理学发展，必须走出事必翻译解读西方公共管理文库、公共行政经典的窠臼，加强中国治理思想智慧的学习继承，促进中国智慧走进当前学术问题，走进实践难题。惯于接受和传译西学，易使我们忘记自己性格气质长成的特殊历史意蕴；如无变革性回归过程，中国公共管理教育研究就会存在不断累积某种尴尬状态的可能性：有学问、缺立场观点；有理论、缺思想智慧；有知识、缺根本常识。最后，迷失自我。因此，确实到了用心耕耘自己的历史土壤，明心智、树观点、归常识的时候。直如曾子、孟子、荀子等先贤告诫，“人病舍其田而芸人之田，所求于人者重，而所以自任者轻”。[②]“失之己，反之人，

---

①《荀子·儒效》，第 109 页。

②《孟子·尽心下》，方勇译注，北京：中华书局，2015 年，第 299 页。

岂不迂乎哉！”[①]也许孔子说得更清楚：“不患人之不己知，患其不能也。”[②]重点是做好我们自己。

二、治理、行政、管理释义溯源

西方代表性观点是，管理主义正在代替传统行政主义。欧文·E.休斯在《公共管理导论》提出：“行政本质上涉及的是执行指令和服务，而管理涉及的首先是实现结果，其次是管理者要对实现的结果承担个人责任。公共行政是一种服务公众的活动。它关注的是程序，如何把来自他人的政策转化为行动，以及机关管理。而管理不仅包括行政，还涉及组织怎样效率最大化地实现目标，以及真正对结果负责。这两个要素并不必然存在于传统行政体制当中。公共行政注重过程、程序和合规，而公共管理则包括更多内容。公共管理者关注的并不仅仅是执行指令，而是实现结果并为此承担责任。”[③]

实质上，按此理解，行政与管理的矛盾也不是今天才有，两者自有政治体系或道德体系以来就已存在。《管子》即言：“遵主令而行之，虽有伤败，无罚；非主令而行之，虽有功，罪死。……故上令而下应，主行而臣从，此治之道也。”并告诫说：“夫非主令而行，有功利，因赏之，是教妄举也；主令而行之，有伤败，而罚之，是使民虑利害而离法也。群臣百姓人虑利害，而以其私心举措，则法制毁而令不行矣。”[④]就是对此矛盾问题的一种反映和解决之道：权

---

①《荀子·荣辱》，第41页。

②《论语·宪问第十四》，程昌明译注，沈阳：辽宁民族出版社，1996年，第164页。

③ Owen E. Hughes, *Public Management and Administration: An Introduction*, 4th Edition，中国人民大学出版社影印版，2015，第3-4页。

④《管子·任法》，李山译注，北京：中华书局，2016年，第253页。

衡法令重要性，以事为中心，程序优先。

但古亦有“将在外，君令有所不受”之说，必有更多认识解决方式。[①]《荀子》解释说：“听政之大分：以善至者待之以礼，以不善至者待之以刑。两者分别则贤不肖不杂，是非不乱。贤不肖不杂则英杰至，是非不乱则国家治。若是，名声日闻，天下愿，令行禁止，王者之事毕矣。”[②]同样是对此矛盾问题的反映和解决之道：以人为中心，根据主观出发点善意与否区别对待。而且评价人“不揣长，不絜大，不权轻重，亦将志乎尔”。[③]不能只看外在，重点是心术正派、志向高远。这都是2000年前立论，但可谓“王道有绳”，“所道则异，而所绳则一也”。[④]他们力图形成“壹国务”“壹民务”，[⑤]“合天下”“调一天下”“齐一天下”、使“天下为一”的统一机制，[⑥]实现利害各方共同生存发展。总体看，其要在合、和、一，实现主客体、主客观、内外范畴、目标手段、程序结果、使命担当的协调统一。其判断标准是善意与否，形成一定的区别容错机制。其原则诉求是思想方法正义、志向追求高尚，保障促进人的内在心性发展。

《资治通鉴》所述西汉宣帝、元帝时期两个事件，就是在区分出发点善意性、心术志向正义性前提下，把结果效果放在第一位。

充国复奏曰：“……臣闻战不必胜，不苟接刃；攻不必取，不苟劳众。诚令兵出，虽不能灭先零，但能令虏绝不为小寇，则出兵可也。即今同是，而释坐胜之道，从乘危之势，往终不

①〔宋〕司马光编撰：《资治通鉴·周纪五》，沈志华、张宏儒主编译注，北京：中华书局，2009年，第176页。

②《荀子·王制》，第115页。

③《荀子·非相》，第54页。

④《商君书·开塞第七》，第70页。

⑤《商君书·壹言第八》，第77页。

⑥《荀子·儒效》，第104-107页。

见利，空内自罢敝，贬重以自损，非所以示蛮夷也。又大兵一出，还不可复留，湟中亦未可空，如是，徭役复更发也。臣愚以为不便。臣窃自惟念：奉诏出塞，引军远击，穷天子之精兵，散车甲于山野，虽亡尺寸之功，偷得避嫌之便，而亡后咎余责，此人臣不忠之利，非明主社稷之福也！”

——《资治通鉴·汉纪十八》

汤为人沉勇，有大虑，多策略，喜奇功，与延寿谋曰：“夷狄畏服大种，其天性也。西域本属匈奴，今郅支单于威名远闻，侵陵乌孙、大宛，常为康居画计，欲降服之；如得此二国，数年之间，城郭诸国危矣。且其人剽悍，好战伐、数取胜；久畜之，必为西域患。虽所在绝远，蛮夷无金城、强弩之守。如发屯田吏士，驱从乌孙众兵，直指城下，彼亡则无所之，守则不足自保，千载之功可一朝而成也！”延寿以为然，欲奏请之。汤曰：“国家与公卿议，大策非凡所见，事必不从。”延寿犹与不听。会其久病，汤独矫制发城郭诸国兵、车师戊己校尉屯田吏士。延寿闻之，惊起，欲止焉。汤怒，按剑叱延寿曰：“大众已集会，竖子欲阻众耶！”延寿遂从之。部勒行陈，汉兵、胡兵合四万余人。延寿、汤上疏自劾奏矫制，陈言兵状，即日引军分行，别为六校……

——《资治通鉴·汉纪二十一》

公元前 61 年，河西走廊羌戎各部叛乱。汉宣帝正为不知派谁带兵平叛而忧愁，时任后将军赵充国以七十七岁高龄自荐。汉宣帝不断下达迅速出兵以战止乱诏令，赵充国则多次上书建言，认为战难止乱，战争不利于达成长期和平安宁目的，且消耗国财民力、牺牲兵士性命。不如对各部叛乱力量区别对待就地分化瓦解，重点解决首要叛乱势力，其他势力不战自降；汉兵屯田戍卫以待对方之弊，可得坐胜之利。如果仅仅依照朝廷命令走程序，率军出塞远袭叛乱羌兵，用尽国家精兵、车马、甲胄，即使立不下功劳，也能避免嫌疑，过后还能说这是执行朝廷命令因而不受指责。但如此一来，表面履行了程序，实质未得应有效果；个人虽落好处，却对人主不忠，也实非国家社稷之福，可谓真正不负责任。

当时情况是，羌人各部分散，其中较强大的先零部落受匈奴唆使支持，驱使其他部落随其反叛，但各部羌人实则内心各有考虑，并非铁板一块。重点打击带头的先零部落羌军，叛乱整体会有就地瓦解之势。如果不加区分予以打击，有可能坚定其他部落跟随先零部落反叛的决心。如此则长期不得安宁，甚至可能扩散蔓延，造成更多地方、更多族群骚动，国家会为此付出更多不必要的力量消耗。不如着眼全局，采取巩固自己、瓦解招降、以逸待劳、长治久安之策。

汉宣帝派破羌将军辛武贤、强弩将军许延寿与赵充国联合进击，发下进击的玺书命令，要求尽快解决问题。赵充国的儿子中郎将赵卬担心其父抗命不遵，便派门客前来劝谏，一旦违背皇帝意愿被问罪，自保尚且不能，又怎能保证国家安全？赵充国叹息道："是何言之不忠也"，"吾固以死守之，明主可为忠言"。①坚持以最终目标、结果为原则进行战略部署。幸运的是，汉宣帝采纳了赵充国的战略，并在不断招降各部落的同时，批准辛武贤、许延寿和赵卬率部联合出击。最终 5 万羌人部众士兵有 3 万多投降，仅 7000 余人亡于战事。大局平定，赵充国班师而还。赵充国告老还乡时，汉宣帝赐给他车马、黄金。朝廷每有四方外夷大事都会找他筹划参议军务。因对经营西域贡献良多，赵充国死后，汉宣帝特赐"麒麟阁"画像。获麒麟阁画像殊荣的功臣有：霍光、张安世、韩增、赵充国、魏相、丙

①〔宋〕司马光编撰：《资治通鉴·汉纪十八》，第 1006、1008 页。

吉、杜延年、刘德、梁丘贺、萧望之、苏武，共十一人。赵充国位列第四。

另一典型事例，公元前36年汉元帝时，西域都护甘延寿与副校尉陈汤，矫诏共斩匈奴汗国郅支单于。公元前58年至前54年匈奴内乱，五单于并立，最终分立为呼韩邪单于和郅支单于，郅支单于打败呼韩邪单于后占据匈奴王庭。郅支单于自以为匈奴汗国曾威名远扬，压得汉朝抬不起头，又因自己对呼韩邪单于和西域各国的军事胜利而不可一世，不断侵犯乌孙、大宛，又试图降服康居。对汉朝使节也是极为傲慢，甚至杀害汉朝使节，不肯接受汉帝诏书。陈汤"为人沉勇，有大虑，多策略，喜奇功"，[①]与甘延寿谋议说，为西域长治久安虑，不如征发屯田军士和乌孙王国军队，直指郅支单于新筑城堡，趁其城保防守不坚之际速战速决将其剿除。甘延寿准备先向朝廷奏请批准，陈汤则认为"国家与公卿议，大策非凡所见，事必不从"。[②]朝廷官员不了解情况肯定不会同意。甘延寿犹疑不决，又逢卧病在床，陈汤便单独行动，假传圣旨征发各国军队以及车师戊己校尉屯田部队，攻打郅支单于。甘延寿得知消息大惊失色，但阻止未成，只得与陈汤共同集结兵力。在大军出发当天，两人同上奏章自我弹劾假传圣旨之罪，陈述这样做的理由。汉朝军队跋涉远征，经过激战奋勇攻入郅支单于所在土城，郅支单于树敌太多无处投奔，身受重伤而死，次年正月传首长安。甘延寿、陈汤上书说："天下之大义当混为一，昔有唐、虞，今有强汉。……郅支单于惨毒行于民，大恶通于天；臣延寿，臣汤，将义兵，行天诛……以示万里，明犯强汉者，虽远必诛！"[③]受此事件影响，呼韩邪单于既高兴又恐惧，高兴的是终于去掉最大对手，恐惧的是汉朝力量如此之强。于

①〔宋〕司马光编撰：《资治通鉴·汉纪二十一》，第1114页。
②〔宋〕司马光编撰：《资治通鉴·汉纪二十一》，第1114页。
③〔宋〕司马光编撰：《资治通鉴·汉纪二十一》，第1118-1120页。

是向汉朝上书请求入朝觐见，愿当汉家女婿以结亲缘、累世称臣，于是有了“昭君出塞”故事。

陈汤、甘延寿立下大功，但在程序上确实违反了制度规定。丞相匡衡等人对他们假传圣旨这件事深恶痛绝，不赞成给他们封爵厚赏，甚至认为他们有可能引发更多人在西域采取冒险行动，制造纠纷给国家招难，应当治罪。汉元帝内心赏识甘陈二人，但又难于违反匡衡等人意见，因而犹豫不定。曾担任宗正的刘向等人则上书建议“大功者不录小过，举大美者不疵细瑕”，[①]力主封赏。最终汉元帝封甘延寿为义成侯、长水校尉，陈汤为关内侯、射声校尉，并各赐食邑、黄金，以劝有功。

上述两个案例，是把结果效果放在第一位。从执行者角度看，是一种使命担当、责任意识。但从决策者与管理者控制角度看，远非如此。因此狭义言之，行政与管理的矛盾关系是一种客观现象、一种社会形态的自然现象，没有一劳永逸的解决方法。但更广视角观察，行政、管理可被统一在治理谱系内，实现有机协调作用。

行政，究其本义，所谓行，甲骨文，象形四通八达的十字路口、十字交叉道路。[②]造字本义是道路。金文承续甲骨文字形，篆文写成正反两个“双人旁”、。《说文解字 · 彳部》：“行，人之步趋也，从彳、从亍，凡行之属皆从行。”[③]意指人们步行或小跑，速度有快有慢。彳（chì）为左步，亍（chù）为右步，左右俱举为行。“行”

①〔宋〕司马光编撰：《资治通鉴 · 汉纪二十一》，第 1130 页。

② 文中前后各种甲骨文、金文、篆文、隶书、楷书等字体演化及解释，参考了象形字典网资料：http: //www.vividict.com。作者已向象形字典网注册并提交使用费。还参考了王祥之：《图解汉字起源》，北京：北京大学出版社，2009 年；图解经典编辑部编著：《图解〈说文解字〉：画说汉字》，北京：北京联合出版公司，2014 年；〔汉〕许慎：《说文解字（中华经典藏书）》，长春：吉林美术出版社，2015 年；等等。

③〔汉〕许慎：《说文解字》，〔宋〕徐铉校定，北京：中华书局，2013 年，第 38 页。

由道路象形逐步演化为动词之“行”。

所谓政，甲骨文=(正，征伐不义之地)+(攴，持械攻击)。造字本义是手持棍棒或武器()，指挥、引导人的足()，走向一个方向或目标()。金文、篆文承续甲骨文字形。《说文解字·攴部》：“政，正也，从攴、从正，正亦声。”[①]攴(pū)，持棍击打。因此，政，其核心在正，方法在力。造字本义强调了“政”最鲜明的一面：强力拨乱反正。但另一面，正己以率正。《论语》中孔子回答“季康子问政”，说：“政者，正也。子帅以正，孰敢不正？”[②]《礼记》中回答鲁哀公“敢问何谓为政”，仍强调说：“政者，正也。君为正，则百姓从政矣。君之所为，百姓之所从也。君所不为，百姓何从？”[③]即此义也。

所谓管，篆文=(竹)+(官)；或=(王，玉石，)+(官)，表示竹制或玉石制中空之物。《说文解字·竹部》：“管，如篪，六孔，十二月之音。物开地牙，故谓之管。从竹，官声。管，古者玉琯以玉。舜之时，西王母来献其白管。前零陵文学姓奚，于伶道舜祠下，得笙玉琯。夫以玉作音，故神人以和，凤皇来仪也。从玉，官声。”[④]本义为中空之管乐器，如笛。《诗经》：“钟鼓喤喤，磬莞将

① [汉]许慎：《说文解字》，第 62 页。
② 《论语·颜渊第十二》，第 135 页。
③ [元]陈澔注：《礼记·哀公问第二十七》，金晓东校点，上海：上海古籍出版社，2016 年，第 569 页。
④ [汉]许慎：《说文解字》，第 93 页。

将，降福穰穰。降福简简，威仪反反。既醉既饱，福禄来反。”[1]此处“莞”，即通“管”，管乐器，古有很多“莞”“管”通用之处。另外，古代钥匙多形似管乐器，因此钥匙又称为管，如秦晋殽之战中“郑人使我掌其北门之管，若潜师以来，国可得也”；[2]《鬼谷子》“以变求内者，若管取楗”。[3]并逐步演化为动词“管”，《商君书》言：“今乱世之君臣，区区然皆擅一国之利而管一官之重，以便其私，此国之所以危也。”[4]《荀子》说：“人君者，所以管分之枢要也”，[5]“为人主上者不美不饰之不足以一民也，不富不厚之不足以管下也，不威不强之不足以禁暴胜悍也”。[6]由此，“掌管”之意已浓。

所谓治，篆文 =（水，洪汛）+（臺，土石堆筑的坝堤），表示筑堤防洪。造字本义是疏浚水道，疏导水势，筑堤防洪。隶书 将篆文字形“水” 写成“三点水” ，将 写成 。《说文解字·水部》：“治，水出东莱曲城阳丘山，南入海，从水，台声。”[7]治与水相连，但治水也有不同思路方法。舜帝时鲧治水以筑堤堵为法，结果失败。大禹治水以深挖河床、开通水道为主，结果成功。到战国时期，各诸侯互相争竞，修筑堤防堵塞百川，特别是治理黄河等大河大水，一为水利增加自身农获，二为获取水害制敌优势。因此，修筑堤防“治水”之义主要自战国始。

---

①《诗经·周颂·执竞》，韩伦译注，南昌：江西人民出版社，2017 年，第 301 页。

②《左传·殽之战》，赵捷、赵英丽注译，武汉：崇文书局，2007 年，第 56 页。

③《鬼谷子·内揵第三》，贾立芳译，北京：北京联合出版公司，2015 年，第 28 页。

④《商君书·修权第十四》，第 108 页。

⑤《荀子·富国》，第 142 页。

⑥《荀子·富国》，第 149 页。

⑦〔汉〕许慎：《说文解字》，第 227 页。

治是中国古来主题话语，往往治乱并用，凸显“治”的特殊意义。《周易》云：“安而不忘危，存而不忘亡，治而不忘乱，是以身安而国家可保也。”[①]老子云：“政善治，事善能，动善时。”[②]《管子》言：“天下者，无常乱，无常治。”[③]《孟子》言：“天下之生久矣，一治一乱。”[④]《荀子》言：“少而理曰治，多而乱曰秏”，[⑤]“天行有常，不为尧存，不为桀亡。应之以治则吉，应之以乱则凶”。[⑥]实际上，除了安定有序之外，东方语汇中“治”的含义相当丰富。现代《新华字典》第 11 版总结七种释义：管理、处理，如治国；整理、治理，如治山、治水；惩办，如治罪；医治，如治病；从事研究，如治学；社会治理有序，跟“乱”相对，如治世；旧称地方政府所在地，如省治、县治。[⑦]

所谓理，篆文 理 = 王（王，玉）+ 里（里，作坊），表示作坊治玉。《说文解字·玉部》：“理，治玉也，从玉，里声。”[⑧]即加工打磨玉石，现其纹理、条理。《荀子》有“少而理曰治，多而乱曰秏”，[⑨]“诚心行义则理，理则明，明则能变矣”。[⑩]核心即在明纹理、有条理、知道理。

---

①《周易·系辞下传》，第 376 页。
②《道德经》，李正西评注，合肥：安徽文艺出版社，2003 年，第 18 页。
③《管子·小称》，第 185 页。
④《孟子·滕文公下》，第 120 页。
⑤《荀子·修身》，第 16 页。
⑥《荀子·天论》，第 265 页。
⑦《新华字典》（第 11 版），北京：商务印书馆，2012 年，第 652 页。
⑧〔汉〕许慎：《说文解字》，第 6 页。
⑨《荀子·修身》，第 16 页。
⑩《荀子·不苟》，第 32 页。

篆文	隶书	楷书	行书
理	理	理	理

合而言之。“行政”一词在中国出现较早。孟子问梁惠王，“杀人以刃与政，有以异乎？”即说：“兽相食，且人恶之，为民父母，行政不免于率兽而食人，恶在其为民父母也？”[①]此之行政，指自上而下施行政事。他多次提出为王者要“行仁政”的思想主张。

实际上，与自上而下施行相比，自下而上执行往往更加迫切。汉文帝遇到这个问题曾下诏说：“道民之路，在于务本。朕亲率天下农，十年于今，而野不加辟，岁一不登，民有饥色，是从事焉尚寡而吏未加务。吾诏书数下，岁劝民种树而功未兴，是吏奉吾诏不勤而劝民不明也。且吾农民甚苦而吏莫之省，将何以劝焉！其赐农民今年租税之半。”[②]由此，劝化兴功、实现结果，关键在执行。在公共行政学创立时期，美国行政学家伦纳德·D. 怀特亦曾主张“公共行政，就是公共事务的执行”。[③]确实，自古及今，一个好的政策不仅在于上级提议推行，更在下级落实执行，两者密不可分。甚至说，政策制定出来以后，执行过程才是实际政策过程，也是一个相对更难的过程。具体细微、科学有效的执行往往可以纠正宏观广泛、不切实际的施行。因此，行政，是政务自上而下施行与自下而上执行的综合概念，在上为实施推行，在下为落实执行。现实中公众更看重执行。

“管理”一词在中国出现较晚，清朝时期才有连用。但如前所释，管理之意早在“管”中明确呈现。它更侧重掌管、负责具体事务，

①《孟子·梁惠王上》，第 7 页。

②〔宋〕司马光：《资治通鉴·汉纪七》，第 552 页。

③ Leonard D. White, “Introduction to the Study of Public Administration”, in Jay M. Shafritz and Albert C. Hyde, *Classics of Public Administration*, 4th edition, 中国人民大学出版社影印版，2004 年，第 46 页。

是通过巧妙运用“管”的形式、过程，把一定投入变成特定结果。

“治理”一词，《荀子》中已经出现，“明分职，序事业，材技官能，莫不治理，则公道达而私门塞矣，公义明而私事息矣”。[①]如“治”所述，总体看，东方“治理”意涵十分丰富，范围十分广阔，包括掌管、设制、行动、调节、疏通、教化、明理、责任、有序等，是一个可以囊括行政、管理的语汇。

20世纪90年代以来，西方亦兴“治理”一说，并被逐步纳入政治学、管理学等学科理论体系，但对治理的认识众说纷纭，莫衷一是。1995年全球治理委员会《我们的全球伙伴关系》中提出的定义是:“治理是各种公共的或私人的个人和机构管理其共同事务的诸多方式的总和。它是使相互冲突的或不同的利益得以调和并且采取联合行动的持续过程。它具有四个显著特征：治理不是一整套规则，也不是一种活动，而是一个过程；治理过程的基础不是控制，而是协调；治理既涉及公共部门，也包括私人部门；治理不是某一种正式的制度，而是持续的互动。”[②]1995年罗西瑙提出的定义是：治理“是只有被多数人接受（或者至少被它所影响的那些最有权势的人接受）才会生效的规则体系”，与“意味着由正式权力和警察力量支持的活动，以保证其适时制定的政策能够得到执行”的政府统治相比，治理“是由共同的目标所支持的，这个目标未必出自合法的以及正式规定的职责，而且它也不一定需要依靠强制力量克服挑战而使别人服从”。[③]因此，治理与统治的两个重大区别在于权威是否仅来自政府、权威运行关系是否为多向互动合作。可以说，治理是比政府

①《荀子·君道》，第199页。

② 转引自俞可平:《治理与善治》，北京：社会科学文献出版社，2001年，第4-5页。

③ [美]詹姆斯·N.罗西瑙主编:《没有政府的治理》，张胜军、刘小林等译，南昌：江西人民出版社，2001年，第4-5页。

统治内涵更丰富的现象，“它既包括政府机制，同时也包含非正式、非政府的机制，附着政府治理范围的扩大，各色人等和各类组织得以借助这些机制满足各自的需要、并实现各自的愿望”。[①]1996年罗兹列出了7种定义：治理是公司的治理；治理是新公共管理；治理是“善治”；治理是社会控制系统；治理是国际相互依存；治理是新政治经济；治理是自组织网络。[②]2000年基欧汉和奈提出的定义是：“治理是指导和控制一个团体集体活动、正式的和非正式的过程和制度。政府是拥有权威行事并且设定正式义务的团体。治理不一定必须通过政府专门进行，私人公司、公司联合会、非政府组织，以及非营利组织联盟都在从事治理，它们通常和政府组织合作进行治理，有时候也在没有政府权威涉入的情况下工作。”[③]欧文·E.休斯在2012年《公共管理导论》第四版中新增治理理论一章，认为“治理”的标准定义在于“如何构想制度安排，掌舵，如何组织，以及如何制定组织得以运转的程序”。[④]

西方治理定义林林总总，仍在争议中。俞可平教授总结西方治理研究认为：“从上述各种关于治理的定义中我们可以看到，治理一词的基本含义是指在一个既定的范围内运用权威维持秩序，满足公众的需要。治理的目的是在各种不同的制度关系中运用权力去引导、控制和规范公民的各种活动，以最大限度地增进公共利益。从政治学的角度看，治理是指政治管理的过程，它包括政治权威的规范基础、处理政治事务的方式和对公共资源的管理。它特别关注在一个

① [美]詹姆斯·N.罗西瑙主编：《没有政府的治理》，第5页。

② Mark Bevir and R.A.W. Rhodes，Interpreting British Governance，London：Routledge，2003，pp.45-53.

③ Robert O. Keohane and Joseph S. Nye，Introduction，in Joseph S. Nye and John D. Donahue eds.，*Governance in a Globalizing World，Washington*，DC：Brookings Institution Press，2000，p.12

④ Owen E. Hughes，*Public Management and Administration：An Introduction*，4th Edition，p.125.

限定的领域内维持社会秩序所需要的政治权威的作用和对行政权力的运用。”[①]进一步认为善治（良好的治理）“就是使公共利益最大化的社会管理过程。善治的本质特征就在于它是政府与公民对公共生活的合作管理，是政治国家与公民社会的一种新颖关系，概括地说，善治是两者的最佳状态”。[②]善治的五个基本要素是：合法性、透明性、责任性、法治、回应。

实际上，这些争议或总结，从另一面反映出东方治理语汇应用的包容性、历史广角性，更凸显出我们在特定时代秉持文化内涵和东方智慧的坚定性。在东方看来，治理，本质上就是对各种相互关系的调整改善，实现相互适应、维护群体性，以产生整体行动能力和集体力量的过程，即老子讲“有物混成”之混合一体过程，[③]更是《荀子》言“和则一，一则多力，多力则强，强则胜物”的过程。[④]各种相互关系包括竞争关系，更包括合作关系；既包括人际关系，更包括人事物、人与自然关系，因而治理总体是环境—财富—生命形态关系的治理。作为理顺各种活动关系，使之简明、不同而和、不同而一的过程，治理可能是消此长彼，也可能是相互削弱或相互增强的过程。由于是相互关系、相互适应的混一过程，治理的主体，实际上从来就不曾是单一方面，而是相互建构相互认可的双方、多方，当然也承认某一方主导、发动的现实。治理机制，由此可以是政治体系、道德体系制定的正式机制，也可以是非正式机制，实际都无可避免地演化为正式和非正式间混一化、相互为用机制。

因此，“治理”面对处理的是一系列混一背景下彼与此、利与害、少与多、弱与强、善与恶、是与非、名与实、一般与特殊、正式与非

① 俞可平主编：《治理与善治》，北京：社会科学文献出版社，2000年，第5页。
② 俞可平主编：《治理与善治》，第8-9页。
③《道德经》，第56页。
④《荀子·王制》，第127页。

正式、委托与代理等关系问题、矛盾问题，[1]无论主观诉求还是客观条件都体现为一种有关“明分使群”规则的机制、活动和过程。[2]若可探索一门治理学，寻求的恰是“明分使群”的“群居和一之道”。[3]美国行政学家德怀特·沃尔多把“行政”界定为一种“高度理性的人类合作努力”，“理性合作行为系统”即反映此义，[4]但治理范畴则涵盖合作与竞争关系处理，试图为合作注入竞争动力，为竞争树立合作方向。这要求治理者虽在治理之中，却必须具有一种超然性、“旁观者清”的心态能力，才能驾驭、理顺各种关系。基于混一背景，围绕“明分使群”规则的探索、制定、实施、维持、变革等一系列互动过程，在不同境域条件作用下，可以演化构成区域治理、公共治理、社会治理、危机治理等各种治理领域对象，形成各种治理境界、治理格局、治理模式，反之需主动从境界、格局、模式等角度切入治理。在这些不同领域、境界、格局、模式中，各种治理角色、治理方式、治理体系都可发挥自己功能作用，产生共同治理力量，实现一定治理结果。这种能力或力量的运动使用过程既要强大，更要正义，才能形成合意的反作用力。可以说，“天地无极，人事无穷”，[5]历史长河不曾终止，治理永远在路上。

① 周雪光教授曾提出中国国家治理的历史逻辑有三对关系：委托与代理、正式与非正式、名与实。实际上，远不止如此。这只是一种现实的政治或政治史角度“帝国逻辑”阶段的归纳。还应有一种更深刻的文化与文明逻辑、或哲学思维逻辑角度的解释。在此基础上，应当探寻中国自始至今传承和始终起着本底作用的辩证思维逻辑、“循道”逻辑。参见周雪光：《寻找中国国家治理的历史线索》，《中国社会科学》2019 年第 1 期。

②《荀子·富国》，第 138 页；

③《荀子·荣辱》，第 51 页。

④ [美]德怀特·沃尔多：《什么是公共行政学》，载彭和平、竹立家等编译《国外公共行政理论精选》，第 187、194 页。

⑤《鬼谷子·本经阴符七术》，第 108 页。

三、治理范式的三个基础要素

《周易》说："有天道焉，有人道焉，有地道焉。"[①]"立天之道曰阴曰阳，立地之道曰柔曰刚，立人之道曰仁曰义。"[②]老子说："道大，天大，地大，人亦大。域中有四大，而人居其一焉。人法地，地法天，天法道，道法自然。"[③]《荀子》更明言："天有其时，地有其财，人有其治，夫是之谓能参。"[④]"不务天时则财不生，不务地利则仓廪不盈。"[⑤]"天地合而万物生，阴阳接而变化起，性伪合而天下治。"[⑥]假若延伸扩展，阴阳变动和四时变化之'天'、或柔或刚和生财生利之地可以代表人周围的环境条件、自然资源、生态系统，交互作用则可转化生成人类生命形态及其依赖的财物富源。因此，天、地、人三才，广义上说环境—财富—生命之间基于一定规律的相互关系、相互作用，正是治理过程的展开。这也符合费尔巴哈、马克思、恩格斯等经典作家所说生命是整个自然界的一种结果，并通过各种劳动或活动方式与自然间不断进行物质变换的思想看法。而且，通过前文对西方"治理"概念的归纳总结，也可以说，对各种资源、利益需求与社会冲突关系的协调、控制与指导活动，同样是其治理理论关注的核心范畴。

首先，人是治理核心，人性是治理依据。一定的人性假设是治理出发点，完善人性则是治理目标。探寻人性，不过是找到治理行动、关系互动的本源依据而已。《孟子》曰："天下之言性也，则故而已矣，故者以利为本。……天之高也，星辰之远也，苟求其故，

①《周易·系辞上传》，第 392 页。
②《周易·说卦传》，第 398 页。
③《道德经》，第 56 页。
④《荀子·天论》，第 266 页。
⑤《管子·牧民》，第 2 页。
⑥《荀子·礼论》，第 313 页。

千岁之日至可坐而致也。”[①]但需要区分的，是人性和人的本性。狭义人性或指以社会方式努力积累的文明性、道德意识性，是社会文明走向。但关于人的本性则看法不一。《荀子》将之视为原始天生的自然性，是“感而自然”[②]“本始材朴”“好利欲得”“出于争夺”的自然性、物性，是自然原始性。[③]“故人之性恶明矣，其善者伪也”，[④]认为人本性恶。但人性皆思善求善，欲人待己以善。本性恶，故需要治理；思善求善、欲待己以善，故可以治理。广义的人性则包括人的社会文明走向和人的自然原始本性两个层面，呈现复杂性。由此，治理的各种规则、机制才能可行，才能在知性、利性也即根据和顺应人本性的基础上，实现整个人性的不断提高完善。这种治理就是一种人为纠正自然本性也即《荀子》所言之“伪”——“化性而起伪”、把人的“偏险悖乱”矫正引导为“正理平治”的过程；[⑤]就是一种在历史发展积累中，不断把社会文明性道德性转化成人更高水平的自然性和物性，实现持续进步的过程；就是在更高水平实现环境—财富—生命形态境界提升的过程。因此，治理，并非一帆风顺，而是一个不断解决矛盾和矛盾问题变化运动的过程。

现代西方经济理论、管理理论等，往往从所谓理性经济人、孤立个体出发思考人性。中国传统智慧则往往从理性社会人、文化人、起码从“桃花源村人”集体出发思考人性。尽管出发点不同，一个由此强调竞争，一个由此强调合作，但对进步的人性追求、相互关系的调整改善，以及对公共精神、公共价值的追求和集体身份认知都无可避免。

应当注意的是，尽管任何治理都不可能不从人类充满欲望这一

---

①《孟子·离娄下》，第 162 页。

②《荀子·性恶》，第 379 页。

③《荀子·礼论》《荀子·性恶》，第 313、379、375 页。

④《荀子·性恶》，第 383 页。

⑤《荀子·性恶》，第 379、381 页。

现实出发，进而从人如何满足欲望的理性思考出发．但中国传统智慧理性有更加鲜明的包容性、宽广性。进一步说，中国传统智慧理性，可谓有机理性、开放理性、复杂情意理性、集体理性、社会文化理性，是一种大理性，非单纯计算数量大小。东方智慧理性一方面看到欲望需求的自然性。《荀子》就此说："欲不待可得，所受乎天也"；[①]"欲者，情之应也。以所欲为可得而求之，情之所必不免也……欲不可去，性之具也"。[②]"人伦并处，同求而异道，同欲而异知，生也"。[③]另一方面更注意到实现条件的社会性，把欲望有无、多少、实现过程、目的性质等与人文道义道理关联思考，是先义后利。《荀子》对此多有精论："欲不待可得，而求者从所可"，"求者从所可，受乎心也。所受乎天之一欲，制于所受乎心之多，固难类所受乎天也"。[④]可以说，经过人文社会性过滤的欲望追求，已很难与生来即有欲望相提并论。由此，治乱虽从人性欲望出发，但并不取决于人欲望有无多寡，而是"治乱在于心之所可，亡于情之所欲"；[⑤]是"欲虽不可尽，可以近尽"，"欲虽不可去，求可节"；[⑥]是"谋者从所可"而非"计者从所多"。[⑦]因此讲求"言必当理，事必当务"，行事知说"有益于理者立之，无益于理者废之"。[⑧]总之对所欲之物的思考，中国传统智慧倡导从更高境界妥善处理数量与道义关系，这与西方经济学或管理学体系单纯的机械数量理性、封闭理性、简单逻辑理性、个体理性、自然经济理性，或者说是一种小理性、先利后义，大不相同。

---

①《荀子·正名》，第369页。
②《荀子·正名》，第369页。
③《荀子·富国》，第138页。
④《荀子·正名》，第369页。
⑤《荀子·正名》，第369页。
⑥《荀子·正名》，第369页。
⑦《荀子·正名》，第371页。
⑧《荀子·儒效》，第95-96页。

其次，治理需要坚实经济条件、财力基础。《管子》言：“凡有地牧民者，务在四时，守在仓廪。国多财则远者来，地辟举则民留处；仓廪实则知礼节，衣食足则知荣辱；上服度则六亲固，四维张则君令行。”①“治国常富，而乱国必贫。是以善为国者，必先富民，然后治之。”②正是对治理依赖雄厚经济条件、财力基础的概括。治理的基本制度、道德和法律要求，之所以能有效运行，产生效果，都建立在“国多财”“地辟举”“仓廪实”“衣食足”，说到底是“富民”基础上，建立在生产第一性、生产力第一性的基础上。甚至说，人类社会的治理之所以需要，也不过是一定的人类群体生产和再生产自己的需要，维持生命形态、发展生命境界的需要。汉时贾谊深谙这些道理，给汉文帝上书说：“民不足而可治者，自古及今，未之尝闻。……古之人曰：‘一夫不耕，或受之饥；一女不织，或受之寒。’生之有时而用之无度，则物力必屈。……生之者甚少而靡之者甚多，天下财产何得不蹶！……夫积贮者，天下之大命也；苟粟多而财有馀，何为而不成！以攻则取，以守则固，以战则胜，怀敌附远，何招而不至！”③此时生产以农业生产方式为主，此时治理也必然以农业生产方式造就的财富积累为基础。从历史来看，随经济生产方式变化，治理方式也必然发生变化。治理决不能用它自身来说明自己，它不过是为了人类生命存在体系，从而让社会生产体系正常和更好运转的方式手段，只有在生产型经济基础——富有智慧的生产型生命体系所依赖、从资源到产出的财富转换基础上才能得以更好地说明。

西方世界往往强调个体竞争性，并把竞争性和发轫于此的市场经济、市民社会工商业管理传统移植到公共行政体系中，把这种竞争模式作为公共行政体系发展改革的终极形式。中国传统智慧则始

①《管子·牧民》，第 2 页。
②《管子·治国》，第 263 页。
③〔宋〕司马光编撰：《资治通鉴·汉纪五》，第 496-498 页。

终把“混而为一”“群居合一”作为治理体系构建演化主线。但不管怎样，对竞争与合作关系治理，是东西方都难绕过的主题。

最后，治理需要一套行之有效的工具方法。孔子说：“工欲善其事，必先利其器。”[①]《管子》言：“成功之术，必有巨获。”[②]巨获（矩矱）者，规矩、法度也，是一套必需的方法准则。《商君书》言：“仁义之不足以治天下也。圣人有必信之性，又有使天下不得不信之法。”[③]《荀子》言：“相形不如论心，论心不如择术。形不胜心，心不胜术。”[④]莫不表现出中国传统智慧对主客观工具方法的高度重视。这套方法体系往往是能够兼顾人格化与非人格化、正式与非正式要素，能够实现相对稳定和程序化、标准化的必要方法体系。

成功的历史人物、历史功绩莫不依赖于相应方法。《论语》中孔子直接回应各种“问政”“从政”“为政”问题多达13次，对治理方法有精到阐释。但这些方法亦有艺术性与科学性的区别。针对同一具体历史人物——子产，当“子产听郑国之政，以其乘舆济人于溱、洧”时，[⑤]孔子重其“恭、敬、惠、义”等原则尺度，讲的是方法技巧的艺术性，评价他说“有君子之道四焉：其行己也恭，其事上也敬，其养民也惠，其使民也义”。[⑥]孟子则评价说“惠而不知为政。岁十一月，徒杠成；十二月，舆梁成。民未病涉也。君子平其政，行辟人可也，焉得人人而济之?故为政者，每人而悦之，日亦不足矣”。[⑦]孟子所指明的，是非人格化而普遍适用的公共服务与公共治理方法、流程、标准的重要性，讲的是方法技巧的科学性。此外，《商君书》列出“定分”“慎法”“境内”，《管子》列出“七法”“法法”

①《论语·卫灵公第十五》，第173页。
②《管子·宙合》，第81页。
③《商君书·画策》，第138页。
④《荀子·非相》，第53页。
⑤《孟子·离娄下》，第150页
⑥《论语·公冶长第五》，第48页。
⑦《孟子·离娄下》，第150页。

“宙合”等篇章，对如何推行法令政策、民政户籍管理、经济与军事建设等操作办法和思想，无不为现代治理实践提供启发。

西方强调管理方法的科学化系统化解构与重构重塑，中国强调“道”“礼”“法”“术”“势”的统一运用、革故鼎新。尽管名称、探索方式不同，但对必然、必须方法之需求是普遍的。对西方行政学创立至今仍然存在的科学性、艺术性之争，实则因治理层次变化而有别有合、有轻有重。高层治理者，重视驾驭全局的艺术性；基层底层治理，重视操作方法可重复检验使用的科学性；中层治理者，或更兼顾科学性与艺术性。

由上观之，(公共)行政何曾衰亡？(公共)管理亦未曾取得绝对支配权。要分析它们假设出发点、经济条件和应用方法的细微区别与演化变迁，形成相应理论判断。(公共)行政模式适应于组织规范化、老龄化阶段或适于守成期，(公共)管理模式适应于组织多元化、扩张期、发展成熟阶段或创新期。(公共)行政适应于生产方式的农业化、劳动集体化和一致化阶段，(公共)管理适应于生产方式的工业化、协作化、一体化阶段。(公共)行政适应于稳定、单向、封闭、惯性、常态的国家社会关系，(公共)管理适应于动态、多维、开放、丰富、不确定的国家社会关系。(公共)行政针对的是不成熟或极度成熟客体，或极度成熟主体，(公共)管理针对的是不断发展的成熟客体，或不断发展的成熟主体。(公共)行政侧重归纳一套固定方法，(公共)管理则注重方法多样性和丰富化、深刻化。只要人类社会无法摆脱自然生命的种类属性，组织体系就将常在，组织体系将始终以或强或弱、或大或小的政治经济体系、道德体系、技术体系、生命—非生命体系展开运动。只要所有生命体系甚至非生命体系都有自身生成—发展—成熟—消亡的自然演化过程，行政、管理就可以在不同时空上相继、相并。因此，应当从一切本质在“易”——从运动变化、联系混一的有机境界、格局、视野出发，把行政、管理放在“治理”这一更本质、更广阔的概念范式中观察考量。不论行政还是管理，只是反映治理范式的不同侧面和阶段主题。治理还有更长的路和更多议题，比如在中国传统语境中，“天下治”与“治天下”“治国与国治”“为治与不治”“治与乱”“治事、治人、治言、治学与心治”“恶治与善治”，“贫治与富治”“大治与小治”“治大与治小”“法治与政治”等，对“治”的理解运用，可谓至矣。

四、治理范式变迁之道

篇首已列，两千年前，秦孝公欲变法，恐国人非议，召集商鞅与甘龙、杜挚等守旧派代表进行辩论。商鞅列出“三代不同礼而王，五霸不同法而霸”的事实，提出“治世不一道”断言，以强有力的事实证据、历史数据和鲜明立场观点，打消了秦孝公疑虑。由此，秦国走上了富国强兵之路，最终统一六国。当然，除变法图强因素，秦国成功原因还有很多，比如善于延揽重用天下人才，制定“远交近攻”等长远大格局战略。但无论如何，中国历史几乎每朝必现的“变法”事实，以及治理者不同治事风格业已表明，治理范式并非固定不变。唯一的不变，就是“变”。如《周易》云：“唯变所适。”[①]亦如马克思言：“人们的观念、观点和概念，一句话，人们的意识，随着人们的生活条件、人们的社会关系、人们的社会存在的改变而改变，这难道需要经过深思才能了解吗？”[②]

第一，治世不一道。世界在变，时代在变。“人们在生产和交换时所处的条件，各个国家各不相同，而在每一个国家里，各个世代又各不相同。”[③]不同国家、不同时代面临具体境况有异，治理作为

①《周易·系辞下传》，第 388 页。
②《马克思恩格斯文集》第 2 卷，北京：人民出版社，2009 年，第 51 页。
③《马克思恩格斯选集》第 3 卷，北京：人民出版社，2012 年，第 525 页。

对事物关系变化的反映，必然随具体条件变化而变化。中国传统智慧称之为“民道弊而所重异，世事变而行道异”。[①]因此治道要随时，实现“损益刚柔有时，损益盈虚，与时偕行”，[②]实现“礼、法以时而定，制、令各顺其宜”。[③]当然，治理途径方式不同，但治理原理、原则、规律如一，即治理“所道则异，而所绳则一”。[④]

第二，治道循名取实。治道必须实现名实一致性，实现名称、名义、表现与实体、实质、本质高度一致，才有足够信用。《荀子》对此做出有益探索，指出“名定而实辨，道行而志通，则慎率民而一”之理，[⑤]相信可以通过“制名指实”“稽实定数”过程，实现“异形离心交喻”“约定俗成”“正名而期，质请而喻”，达到“说行则天下正”的目的。[⑥]

第三，治道更新坚守并重。不能理清旧、诊断旧、明白旧的功能、意义、状态，就无法解释新的功能、过程、意义，不能阐明两者本质联系区别，因而无法提供创新的稳定环境、支撑条件。《荀子》称：“若有王者起，必将有循于旧名，有作于新名。”[⑦]当然，需要澄清创新、异同和把控的关键，那就是“所为有名，与所缘同异，与制名之枢要，不可不察也”。[⑧]新旧有序结合，不能生硬割裂两者联系。

第四，治贵下断。治理要善于放权，善于发挥基层民众的智慧力量。在事务初生之地解决问题，既提高社会自治能力，又提高治理效率效果。因为治理者知识、能力、信息、道德都有限度，各种

---

①《商君书·开塞第七》，第 69 页。
②《周易·损卦》，第 218 页。
③《商君书·更法第一》，第 6 页。
④《商君书·开塞第七》，第 70 页。
⑤《荀子·正名》，第 358 页。
⑥《荀子·正名》，第 360-365 页。
⑦《荀子·正名》，第 359 页。
⑧《荀子·正名》，第 359 页。

治理知识、能力、信息、道德也都来源和构建于基层底层。治理者“非能遍能人之所能”“非能遍知人之所知”“非能遍辩人之所辩”“非能遍察人之所察”，其层次范围都“有所止”。[①]因此如《商君书》言：“断家王，断官强，断君弱。……治国者贵下断，故以十里断者弱，以五里断者强。家断则有余，故曰：日治者王……夜治者强……宿治者削。”[②]

第五，治贵左契除怨。治理是对相互关系的适应性调整。人的基本性情是，可以出于和服从形势需要，而不惯于接受他人命令驱动，希望得到公平对待。因此，通过契约治理方式可以产生治理各方都应考量的形势情境，并根据形势变化灵活修正契约形式内容，尽量消除支配—被支配关系造成的怨恨积累。诚如老子说：“和大怨，必有余怨，安可以为善？是以圣人执左契，而不责于人。有德司契，无德司彻。”[③]

第六，治贵帅正守正。治理以公正为标准，核心在正。不仅必要时可以拨乱反正，更要时时帅正守正。孔子曾不止一次强调“正”之于管理者、为政者的重要作用，他说：“政者，正也。子帅以正，孰敢不正？”[④]又说：“其身正，不令而行；其身不正，虽令不从。”[⑤]还说：“君为正，则百姓从政矣。君之所为，百姓之所从也。君所不为，百姓何从？”[⑥]因此，“舍己而教人者逆，正己而化人者顺。逆者乱之招，顺者治之要”。[⑦]严格要求自己，形成正面影响作用，

①《荀子·儒效》，第 95 页。
②《商君书·说民第五》，第 54 页。
③《道德经》，第 171 页。
④《论语·颜渊第十二》，程昌明译注，沈阳：辽宁民族出版社，1996 年，第 135 页。
⑤《论语·子路第十三》，第 142 页。
⑥〔元〕陈澔注：《礼记·哀公问第二十七》，第 569 页。
⑦ 中国人民解放军军事科学院军事学院古代兵法译注组编：《黄石公三略译注》，中国人民解放军总参谋部出版局，1965 年，第 27 页。

是良好治理必然之路。

第七，治贵本持要。“事皆有内揵，素结本始。”[1]任何事物都有关键、根本，治理要抓源头根本、抓中枢关键、抓善人利人。故《荀子》强调“无它故焉，知本末源流之谓也”[2]“知万物之要也”[3]“主好要则百事详，主好详则百事荒”。[4]一方面，各类治理因素的根本是“人”。对此，古代先贤们注意到“法不能独立，类不能自行，得其人则存，失其人则亡。……故械数者，治之流也，非治之原也；君子者，治之原也。官人守数，君子养原，原清则流清，原浊则流浊”。[5]故以人为本，首以善人为本，而非工具至上。历史已经表明“天下者，无常乱，无常治。不善人在则乱，善人在则治；在于既善，所以感之也”。[6]又且以正人为本，历史同样表明“爱人者，不阿；憎人者，不害。爱恶各以其正，治之至也”。[7]由此可以树立值得广泛预期的正义标准、公共标准，实现“怒不过夺，喜不过予。……公义胜私欲”。[8]另一方面，各类治理因素的关键是财。财是治理的经济基础，而且治财也要守正，实现“上下俱富”，[9]这样才有公共治理、集体善治的坚实物质基础。《周易》说：“天地之大德曰生，圣人之大宝曰位。何以守位？曰仁。何以聚人？曰财。理财正辞，禁民为非曰义。”[10]已把人、财两方面要素和判断标准概括得极为精要。总体看，对上述要素的应用原则，中国传统智慧以四字概括：

---

①《鬼谷子·内揵第三》，第 26 页。
②《荀子·富国》，第 156 页。
③《商君书·赏刑第十七》，第 128 页。
④《荀子·王霸》，第 182 页。
⑤《荀子·君道》，第 190-191 页。
⑥《管子·小称》，第 185 页。
⑦《商君书·慎法第二十五》，第 171 页。
⑧《荀子·修身》，第 23 页。
⑨《荀子·富国》，第 152 页。
⑩《周易·系辞下传》，第 366 页。

元、亨、利、贞。[①]注重开始、注重通畅、注重互利、注重正义。《周易》言"'元'者，善之长也；'亨'者，嘉之会也；'利'者，义之和也；'贞'者，事之干也"[②]即此义。

第八，治贵大治善治有常。一是治理不可过于复杂烦琐，宜从大局目标着眼、从稳定性着眼。对此，老子的名言是"治大国若烹小鲜"，[③]荀子的告诫是"国者，巨用之则大，小用之则小，綦大而王，綦小而亡，小巨分流者存"。[④]之所以能大治，又在于能统能分，简洁明了，以少致多，做到"操弥约而事弥大"。[⑤]二是治理要善于借助正确的形势条件、制度方法。良好的形势条件、制度方法可以让恶人为善、坏人可信。对此，《商君书》归纳说："凡知道者，势、数也"，"其势难匿者，虽跖不为非"。[⑥]又说："善治者，使跖可信，而况伯夷乎？不能治者，使伯夷可疑，而况跖乎？势不能为奸，虽跖可信也；势得为奸，虽伯夷可疑也。"[⑦]三是治理要保持政策制度稳定性。政策制度针对普遍对象、公共事务制定实施，不能因个例随意改变，导致整体利益受损和负面外部性。正如《荀子》言："天不为人之恶寒也辍冬，地不为人之恶辽远也辍广，君子不为小人匈匈也辍行。天有常道矣，地有常数矣，君子有常体矣。君子道其常而小人计其功。"[⑧]

第九，治理不过度。治理动静有常，刚柔结合，不能措施过强过剧过频，引发不良反作用力、积累怨恨。应当注意老子所诫"民之饥，以其上食税之多，是以饥。民之难治，以其上之有为，是以

①《周易·乾卦》，第 3 页。
②《周易·乾卦》，第 9 页。
③《道德经》，第 160 页。
④《荀子·王霸》，第 169 页。
⑤《荀子·不苟》，第 33 页。
⑥《商君书·禁使第二十四》，第 165、166 页。
⑦《商君书·画策第十八》，第 134 页。
⑧《荀子·天论》，第 269 页。

难治。民之轻死，以其上求生之厚，是以轻死”等过度治理现象，[①]需明白“夫唯不压，是以不厌”[②]“佚政多忠臣，劳政多怨民”的道理。[③]善于与民休息、与官休息、休养生息。总之“过犹不及”。[④]甚至很多情况下，过不如不及。

综上，中国传统语境的治理智慧超卓深邃，这里仅管中窥豹、“为道一偏”。[⑤]治理包括此与彼，包括行政与管理，包括人与财，但也绝不是非此即彼、非行政即管理、非人即财的问题，它是包括彼此在内一系列运动变动的形态、过程，是一系列彼此相互联系、转化关系的理解、把握、混成过程。

让我们用两千年前的一段对话、一千年前的一个评价做个结尾，或能进一步帮助理解“治世不一道”的具体含义。对话在公元前53年汉宣帝汉元帝父子间展开，对对话的评价则由一千年后担任过宋朝宰相、主持编撰《资治通鉴》的司马光给出。汉宣帝概括汉家治道是王霸并用，绝非纯任一种方式，对汉元帝纯任一种方式的立场和结果忧心忡忡。司马光则直接说王霸无异，其实本一、所求本一；真儒大儒治国，同样注重工具方法。今天来看，三人见解不同，并非说明某一观点的绝对正误，恰说明“治世不一道”的主客观实际特点。

> 皇太子柔仁好儒，见上所用多文法吏，以刑绳下，常侍燕从容言：“陛下持刑太深，宜用儒生。”帝作色曰：“汉家自有制度，本以霸王道杂之，奈何纯任德教，用周政乎！且俗儒不达时宜，好是古非今，使人眩于名实，不知所守，何足委任！”乃

---

①《道德经》，第163页。
②《道德经》，第157页。
③ 中国人民解放军军事科学院军事学院古代兵法译注组编：《黄石公三略译注》，第26页。
④《论语·先进第十一》，第120页。
⑤《荀子·天论》，第275页。

叹曰：“乱我家者，太子也！”

臣光曰：王霸无异道。昔三代之隆，礼乐、征伐自天子出，则谓之王。天子微弱不能治诸侯，诸侯有能率其与国同讨不庭以尊王室者，则谓之霸。其所以行之也，皆本仁祖义，任贤使能，赏善罚恶，禁暴诛乱，顾名位有尊卑，德泽有深浅，功业有巨细，政令有广狭耳，非若白黑、甘苦之相反也。汉之所以不能复三代之治者，由人主之不为，非先王之道不可复行于后世也。夫儒有君子，有小人。彼俗儒者，诚不足与为治也，独不可求真儒而用之乎！稷、契、皋陶、伯益、伊尹、周公、孔子，皆大儒也，使汉得而用之，功烈岂若是而止邪！孝宣谓太子懦而不立，暗于治体，必乱我家，则可矣；乃曰王道不可行，儒者不可用，岂不过哉！非所以训示子孙，垂法将来者也。

——《资治通鉴·汉纪十九》

题 二

明分使群：产权、共同体与集体行动之路

滕文公问为国。孟子曰："民事不可缓也。《诗》曰：'昼尔于茅，宵尔索绹；亟其乘屋，其始播百谷。'民之为道也，有恒产者有恒心，无恒产者无恒心。苟无恒心，放辟邪侈，无不为已。及陷乎罪，然后从而刑之，是罔民也。焉有仁人在位罔民而可为也?是故贤君必恭俭礼下，取于民有制。"

——《孟子·滕文公上》

两千年前的滕国只是一个小国，相当于今天山东省的滕州市(县级市，原滕县)。但因公元前326年国君滕文公（时为滕国太子）向孟子请教，后励精图治、名扬天下，享国800余年。孟子给滕文公的核心建议是，必须让人民有固定产业。可以说，这是一种唯物主义生产观，是把物质生活的生产放在基础地位。只有物质生活生产稳定，民心才能稳定，道德仁义教化才被认可接受，一切操守准则制度才能施行。那么，拥有固定产业的核心问题又是什么呢？这与

当代西方经济学强调的产权问题又有什么关联呢？在强调各自产权的前提下，又如何保持社会合作与群体性？还能达成今天所谓的集体行动，形成一定的共同体吗？

一、产权是一种共同体治理工具

产权，被普遍认为是当代西方经济学特别是新自由主义理论的一个重要概念。其实，中国传统智慧早有关注，但认知视角有异、出发点不同。许多理论家把科斯产权理论奉为圭臬，将之总结为科斯第一、第二定理，认为科斯强调了私有产权划分的重要意义。一方面，主张“通过市场交易修改权利最初的合法限定通常是有可能的。当然，如果这种市场交易是无成本的，那么通常会出现这种权利的重新安排，假如这种安排会导致产值的增加的话”。[①]但另一方面，“如果一旦考虑到进行市场交易的成本，那么显然只有这种调整后的产值增长多于它所带来的成本时，权利的调整才能进行。反之，禁令的颁布和支付损害赔偿金的责任可能导致发生在无成本市场交易条件下的活动终止（或组止其开始）。在这种情况下，合法权利的初始界定会对经济制度的运行效率产生影响”。[②]仔细辨别，其立论语气多为假设而非现实，强调的是现实交易成本对资源配置的影响，希望的是权利可以买卖。但现实交易非在真空进行，是有成本的。而且，他关注的是考虑社会格局时“总的效果”[③]——尽可能提高以数字计算的社会总产值，但权利重新安排带来的收入和财富的分配变化问题——如何分配这些损害与受益并不是他关注的重点。再者，

① [美]罗纳德·H. 科斯：《社会成本问题》，载[美]罗纳德·H. 科斯等著：《财产权利与制度变迁——产权学派与新制度学派译文集》，刘守英等译，上海：格致出版社、上海三联书店、上海人民出版社，第 15 页。

② [美]罗纳德·H. 科斯：《社会成本问题》，第 15 页。

③ [美]罗纳德·H. 科斯：《社会成本问题》，第 39 页。

他所说问题的产生前提是，彼者侵害、受益与此者受害、损失都无可避免，也即无法共赢——利己必害人、利人必损己。果真如此吗？

产权是什么？西方学者说产权是对“谁有权做什么”的一种界定。[①]但“在鲁滨逊的世界里，产权是不起作用的。产权是一种社会工具，其重要性就在于事实上它们能够帮助一个人形成他与其他人进行交易时的合理预期。这些预期通过社会的法律、习俗和道德得到表达。产权的所有者拥有他的同事同意他以特定的方式行事的权利。一个所有者期望共同体能阻止其他人对他的行动的干扰，假定在他的权利的界定中这些行动是不受禁止的”。[②]而且，在用产权处理这种共同体内的个人关系上，“要注意的很重要的一点是，产权包括一个人或其他人受益或受损的权利。……是界定人们如何受益及如何受损，因而谁必须向谁提供补偿以使他修正人们所采取的行动。这一认识能很容易地导致产权和外部性之间的密切关系”。[③]因此，产权名义上是一套权、责、利的规定，本质上是一个针对如何处理共同体内成员关系，进一步说是人—事—物关系、环境—财富—生命关系的概念，一种处理分工合作矛盾的治理工具，不论它在经济还是社会领域使用。由此，产权发挥作用的前提是——各种人类共同体的可能与现实，产权只是共同体的另一面。这犹如人体器官分工必须服务于人这一生命体的存在一样。

孟子对滕文公所说的恒产，核心是“恒”。恒的本字是亘（gèn），甲骨文  = （二，上天下地）+ （月，代指天体星辰），表示月出天地间，“天地之间以月为恒，月出月落永不变”。[④]金文  在“亘”前加“心”另造“恒”，表示心志永久稳定，示心如月之恒。篆文  将

---

① [美]罗纳德·H. 科斯：《社会成本问题》，第 15 页。

② [美]哈罗德·德姆塞茨：《产权的理论》，载[美]罗纳德·H. 科斯等《财产权利与制度变迁——产权学派与新制度学派译文集》，第 71 页。

③ [美]哈罗德·德姆塞茨：《产权的理论》，第 71 页。

④ 王祥之：《图解汉字起源》，第 128 页。

金文字形写成，将金文字形写成。《说文解字·二部》："恒，常也，从心，从舟，在二之间，上下心以舟施，恒也。古文恒，从月，《诗》曰：如日之恒。"[①]因此恒，是相对于参照系而言的，是放在天地、日月这个更大的共同体来比照的。只有从共同体的自然生命周期和格局关系看，这种"恒"才能得到保持、确认。

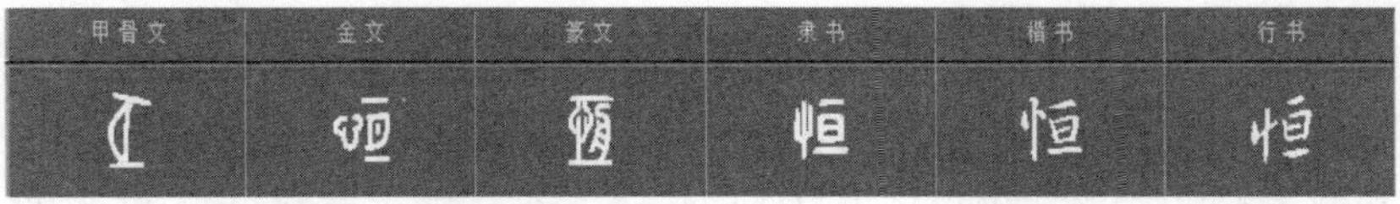

孟子对滕文公所说的恒产，基石在"产"。产（産），金文＝（"彦"的省略，彦，贤美之士有文字刻于岩石、所言永流传，表示可信赖的狩猎或农耕谚语、经验）＋（生，草木萌发），造字本义是依据流传的农谚耕作。篆文承续金文字形。简体汉字简化为"产"，省去古字形。《说文解字·生部》："产（産），生也，从生，彦省声。"[②]

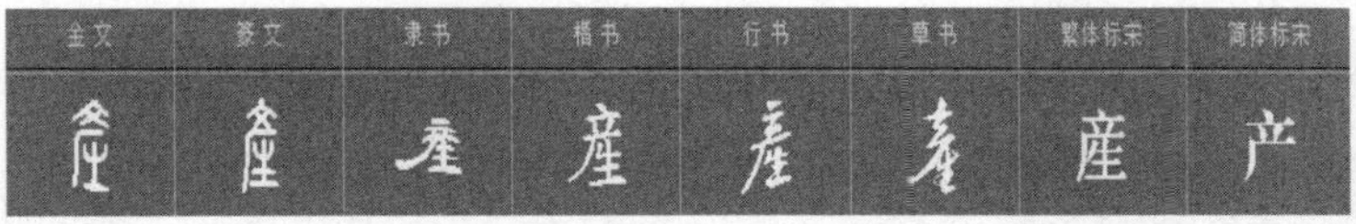

对恒产，特别是"产"的重要性，孟子后来与齐宣王讨论时再一次做了解释，"无恒产而有恒心者，唯士为能。若民，则无恒产，因无恒心。苟无恒心，放辟邪侈，无不为已。及陷于罪，然后从而刑之，是罔民也。焉有仁人在位，罔民而可为也？是故明君制民之产，必使仰足以事父母，俯足以畜妻子，乐岁终身饱，凶年免于死亡。然后驱而之善，故民之从之也轻。今也制民之产，仰不足以事父母，俯不足以畜妻子，乐岁终身苦，凶年不免于死亡。此惟救死而恐不赡，奚暇治礼义哉？"[③]产，就是人民物质生活的来源，最起

①〔汉〕许慎：《说文解字》，第 287 页。
②〔汉〕许慎：《说文解字》，第 123 页。
③《孟子·梁惠王上》，第 13-14 页。

码是必要生存资源的来源，然后是可“驱而之善，民乐从之”的集体共同生存力量来源。总之，它是生命、生活、共生之源。这种来源的载体与过程，表现为从环境—财富—生命形态等一系列要素的获取、投入、转变、分配、取用过程。

孟子对滕文公所说的恒产，要义在“制”。制，金文 = （未，树）+ （刀，修剪之用），表示为了让果树结出更多更好果食，用刀具修剪果树枝杈，避免枝杈过多消耗养分。造字本义是裁剪。《说文解字·刀部》“制，裁也，从刀，从未。未，物成有滋味，可裁断。一曰止也。，古文制如此。”[①]而 ，在繁茂枝叶 与修剪工具 之间加上 （碎屑），表示用刀具剪下部分枝叶；篆文 承续金文字形。就是说，要实现一定的整体目的、最终目标，必须按一定规律和原则对产业、物产、生产进行适当组织、处置。这种组织处置应有利于各部分的根本存在、可持续发展。

二、救患除祸：莫若明分使群

共同体，客观说即物种群体——是地球生命的存在形式。马克思将之分为自然形成的共同体、抽象的共同体、虚幻的共同体以及自由联合体等不同阶段形式。不论这种共同体是以自然血缘联系为原始出发点的共同体，还是高度分工后的各种名义性、交往交换功能的共同体，到目前为止，绝大多数生命都以种类群体形式与其周围自然环境相作用，以谋生存。可以说，作为种类群体的共同体才

① [美]许慎撰：《说文解字》，第 87 页。

是生命的本质形式，它表明了生命间不可分割的相互联系。《周易》说："同声相应，同气相求。"[①]《荀子》形容更生动："凡生乎天地之间者，有血气之属必有知，有知之属莫不爱其类。今夫大鸟兽则失亡其群匹，越月逾时则必反铅（沿）过故乡，则必徘徊焉，鸣号焉，踯躅焉，踟蹰焉，然后能去之也。小者是燕爵，犹有啁噍之顷焉，然后能去之。故有血气之属莫知于人，故人之于其亲也，至死无穷。"[②]

尤其是人，"力不若牛，走不若马，而牛马为用，何也？曰：人能群，彼不能群也"。[③]而所谓治理，就是善于群体组织和管理。《荀子》言："君者，善群也。"[④]何为善群？曰："群道当则万物皆得其宜，六畜皆得其长，群生皆得其命。故养长时则六畜育，杀生时则草木殖，政令时则百姓一，贤良服。"[⑤]此之谓善群。又说君者"能群也。能群也者，何也？曰：善生养人者也，善班治人者也，善显设人者也，善藩饰人者也。善生养人者人亲之，善班治人者人安之，善显设人者人乐之，善藩饰人者人荣之。四统者俱而天下归之，夫是之谓能群"。[⑥]《荀子》对生命、对人类群体特性的观察重视，可见一斑。

群者，一类、一伙，聚合到一起。《说文解字·羊部》："（羣）群，辈也，从羊，君声。"[⑦]宋朝徐铉等人校定说："羊，性好群，故从羊。"[⑧]

①《周易·乾卦》，第 10 页。
②《荀子·礼论》，第 318 页。
③《荀子·王制》，第 127 页。
④《荀子·王制》，第 127 页。
⑤《荀子·王制》，第 127 页。
⑥《荀子·君道》，第 197 页。
⑦〔汉〕许慎：《说文解字》，第 73 页。
⑧〔汉〕许慎：《说文解字》，第 73 页。

共，一齐、一同。共，甲骨文 = (左，左手) + (又，右手)，表示左右两手相对，行古代抱拳礼，先是抱拳于头顶、后演变为抱拳胸前；战时向对方显示臣服虔敬，和平时表示友善敬重。另有甲骨文 = + (集体祭祀区、或玉璧之形)，像双手拱奉玉璧之形。造字本义是在集体祭祀区拱手抱拳互致敬意，或双手拱奉进献玉璧。金文 承续甲骨文字形，或将 变形成 。《说文解字·廾部》："共，同也，从廿廾，凡共之属皆从共。"[①]

那么，既然本义是聚集于一起、一齐，保持群体或共同体的方法又是什么呢？善合者，必善分。《荀子》剖析"人何以能群？曰：分。分何以能行？曰：义。故义以分则和，和则一，一则多力，多力则强，强则胜物，故宫室可得而居也。故序四时，裁万物，兼利天下，无它故焉，得之分义也。故人生不能无群，群而无分则争，争则乱，乱则离，离则弱，弱则不能胜物"。[②]又说："人之生，不能无群，群而无分则争，争则乱，乱则穷矣。故无分者，人之大害也；有分者，天下之本利也；而人君者，所以管分之枢要也。"[③]因此必须清楚的是："穷者患也，争者祸也，救患除祸，则莫若明分使群。"[④]总之"兼足天下之道在明分"。[⑤]

---

①〔汉〕许慎：《说文解字》，第 54 页。
②《荀子·王制》，第 127 页。
③《荀子·富国》，第 142 页。
④《荀子·富国》，第 138 页。
⑤《荀子·富国》，第 146 页。

明，有明亮、明白、可见可期之意。明，甲骨文 = （日，太阳）+ （月亮），表示太阳和月亮白天、夜里发光。亦有甲骨文 = （月亮）+ （囧，窗牖），表示月光透过窗户照亮房间。造字本义是阳光月光把空间照亮。金文 、篆文 承续甲骨文字形。《说文解字·月部》"朙（明），照也，从月，从囧（jiǒng），凡朙之属皆从朙（míng）。古文朙从日。"[①]

分，分别。甲骨文造字本义是用刀将物切成两部分。金文、篆文承续甲骨文字形。《说文解字·八部》："分，别也，从八，从刀，刀以分别物也。"[②]

实际上，分的含义较多，据情形应用。分，有区分、划分、名分、分工、分配、分割、分辨之义。通过这些"分"，可进一步演化相应的权利边界、功能属性、竞争合作、形态变动。在"分"的基础上，人的本性会驱使人产生"通功易事""以羡补不足"的自然行为，[③]思善求善的预期会驱使人们产生控制纷争的文明制度构建，进而在交往交换作用中形成各种正式、非正式的共同体机制。人们由此清楚各自权能责任，形成有关各方行为的合理预期。

老子有云："道生一，一生二，二生三，三生万物。万物负阴而抱阳，冲气以为和。"[④]自然之物，恰如生命由原生质到单细胞、

①〔汉〕许慎：《说文解字》，第 138 页。
②〔汉〕许慎：《说文解字》，第 22 页。
③《孟子·滕文公下》，第 112 页。
④《道德经·四十二章》，第 94 页。

细胞分化、复杂有机体的形成变迁过程，遵循简单—分化—繁杂—组合—综合—统一（更高级混成式简单）这一循环变化过程。分与群是无法分离的辩证矛盾体、统一体。治理，就是要在此前提下，善于挖掘掌控“分”的真义。管子、商鞅、孟子、荀子等先贤智者，莫不明此真义，并一再通过各种方式告诫世人、告诫治理者。群之要，在分；分之要，在义；义之要，在平；平之要，在称。只要分得正义、道义，分得明白、公平、相称，则明分可行、共同体可成。当然，始终不变的前提和最终归宿是“群”，群居和一、群体若一，实现整个共同体的有机性如同一人。由此，对“明分使群”的各种制度机制，就会“天下晓然皆知其非以为异也，将以明分达治而保万世也”。[①]简要摘列“明分使群”的中国传统智慧如下，可为借鉴。

道曰：均地分力，使民知时也，民乃知时日之蚤晏，日月之不足，饥寒之至于身也。是故夜寝蚤起，父子兄弟，不忘其功，为而不倦，民不惮劳苦。故不均之为恶也，地利不可竭，民力不可殚。不告之以时，而民不知；不道之以事，而民不为。与之分货，则民知得正矣，审其分，则民尽力矣。是故不使而父子兄弟不忘其功。

——《管子·乘马》

一兔走，百人逐之，非以兔也。夫卖者满市，而盗不敢取，由名分已定也。故名分未定，尧、舜、禹、汤且皆如鹜焉而逐之；名分已定，贪盗不取。……名分定，则大诈贞信，民皆愿悫，而各自治也。故夫名分定，势治之道也；名分不定，势乱之道也。

——《商君书·定分第二十六》

①《荀子·君道》，第 197 页。

然则治天下独可耕且为与?有大人之事，有小人之事。且一人之身，而百工之所为备，如必自为而后用之，是率天下而路也。

——《孟子·滕文公上》

（滕文公）使毕战问井地。孟子曰："子之君将行仁政，选择而使子，子必勉之！夫仁政，必自经界始。经界不正，井地不钧，谷禄不平，是故暴君污吏必慢其经界，经界既正，分田制禄可坐而定也。"

——《孟子·滕文公上》

推礼义之统，分是非之分，总天下之要，治海内之众，若使一人，故操弥约而事弥大。

——《荀子·不苟》

从中可以看出，中国古代智慧调整群己关系，也即集体与个体关系的重点内容是，善于分工、分配，界定区分、名分，把各自职能、权利与责任边界划分清楚。从辩证法的角度说，越是划分得清楚、合理，反而越是能够有效地促进集体事务治理，维护集体秩序和整体生存。

三、惟齐非齐和惟义所在：从公共性走向公正性的治理

诺贝尔经济学奖获得者、美国学者埃莉诺·奥斯特罗姆曾问道："一群相互依赖的委托人怎样才能把自己组织起来进行自主治理，从而能够在所有人都面对搭便车、规避责任或其他机会主义行为诱

惑的情况下，取得持久的共同收益？”[1]这是各阶段形式共同体都面临的重大难题。西方学者研究集体行动制度逻辑、公共事物治理之道，认为小规模集体易于成功发起集体行动；[2]认为清晰界定边界，占用和供应规则必须与当地条件保持一致，参与式的集体选择安排，占用者本人或责任者监督，分级制裁，冲突解决机制，充分自治，层级分权等，是设计集体制度和实现自组织治理的重要原则。[3]

中国传统智慧则说“惟齐非齐”[4]。《周易》言：“立人之道曰仁曰义。”[5]“孔子提出“君子之于天下也，无适也，无莫也，义之与比”，[6]孟子提出“大人者，言不必信，行不必果，惟义所在”，[7]《荀子》提出“公道达而私门塞”“公义明而私事息”[8]“公义胜私欲”等一系列论断。[9]总其核心是公与正：要从公共性走向公正性的治理。

公者，甲骨文  = （八，分的意思）+ （口，所分的物品），表示平均分配物品。金文  承续甲骨文字形。有金文  将甲骨文字形  写成“厶” （私），表示与“私”相反。篆文  承续金文字形。隶书  将篆文字形  写成 。《说文解字·八部》：“公，平分也，从八，从厶，八犹背也。韩非曰：背厶为公。”[10]

---

① [美]埃莉诺·奥斯特罗姆：《公共事物的治理之道：集体行动制度的演进》，余逊达、陈旭东译，上海：上海译文出版社，2012 年，第 35 页。

② 参见[美]曼瑟·奥尔森：《集体行动的逻辑：公共物品与集团理论》，陈郁、郭宇峰、李崇新译，上海：上海人民出版社，2018 年。

③ [美]埃莉诺·奥斯特罗姆：《公共事物的治理之道：集体行动制度的演进》，第 108 页。

④《尚书·吕刑》，徐奇堂译注，广州：广州出版社，2001 年，第 259 页。

⑤《周易·说卦传》，第 398 页。

⑥《论语·里仁第四》，第 37 页。

⑦《孟子·离娄下》，第 154 页。

⑧《荀子·君道》，第 199 页。

⑨《荀子·修身》，第 23 页。

⑩〔汉〕许慎：《说文解字》，第 22 页。

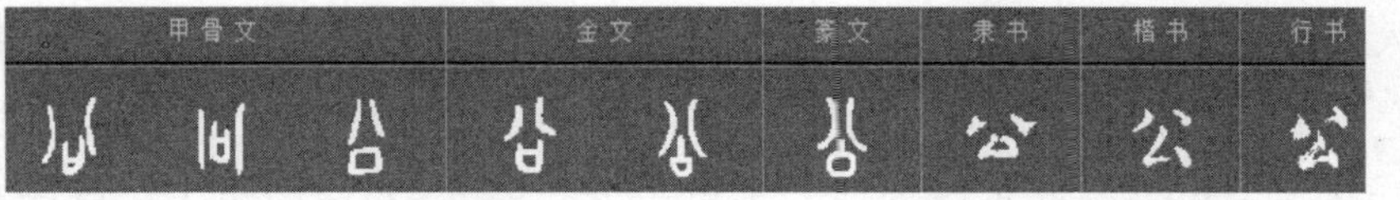

共者，前文已述，《说文解字·廾部》："共，同也，从廿廾，凡共之属皆从共。"①

所以公共，就是注重集体、集体为亲，避免独占，保障人人一齐享有、普遍享有。

正者，"征"的本字。正，甲骨文 = （囗，城邑、方国）+ （止，脚趾、脚步、行进），表示向着城邑行进。有甲骨文将表示方国的方框写成实心指事符号。金文承续甲骨文字形。有金文将指事符号实心点改成横。篆文承续金文字形。隶书楷书将篆文字形写成。古称仗义讨伐为"正"。《说文解字·止部》："正，是也，从止，一以止。凡正之属皆从正。，古文正，从二；二，古上字。，古文正，从一、足，足者，亦止也。"②

所以公正，就是注重正义，纠正偏差，禁止为非，避免过度，保障人人皆能适宜、符合实际。

由此，"仁者人之所亲"，公共也；"义者人之所宜"，公正也。③"惟齐"讲公共、明仁，"非齐"讲公正、明义。明分之后，共同体要形成统一的集体行动，要点就在驾驭一系列"非齐"条件和过程。一是，非齐，乃是当前地球事物的自然禀性，不得不从这个基本条件出发。《荀子》言："万物同宇而异体，无宜而有用为人，数也。

①〔汉〕许慎：《说文解字》，第54页。
②〔汉〕许慎：《说文解字》，第33页。
③ 中国人民解放军军事科学院军事学院古代兵法译注组编：《黄石公三略译注》，第27页。

人伦并处，同求而异道，同欲而异知，生也。”[①]《孟子》言：“夫物之不齐，物之情也，或相倍蓰，或相什佰，或相千万。子比而同之，是乱天下也。巨屦小屦同贾，人岂为之哉？”[②]在此前提下，要做到公开公共，让某种事务成为大家一起参与的事务，与共同体成员休戚相关，保障每位成员的权益。二是，必须注重“非齐”运动过程、驾驭过程，力求“惟义所在”。《荀子》反复强调“分均则不偏，势齐则不一，众齐则不使。有天有地而上下有差，明王始立而处国有制。夫两贵之不能相事，两贱之不能相使，是天数也。势位齐而欲恶同，物不赡则必争，争则必乱，乱则穷矣。先王恶其乱也，故制礼义以分之”。[③]不光势位齐而争，非齐过度也必争，如果没有合理保障“明分使群”的制度机制，没有“斩而齐，枉而顺，不同而一”的条件、过程，[④]没有“审其分”“定名分”“正经界”“定名辨实”“稽实定数”的程序，没有“非齐”“惟义”的良性差序格局，有效集体行动将难以达成。三是，要在制度设计上保障“相益则亲”“两不相伤”“己所不欲勿施于人”。在此前提下，更要做到公平公正，让不同担当与付出有相称的回报，一定时段内使每位成员相互明了自己与他人在共同体中的不同定位、功能和作用。

战国时期苏秦、张仪有名的合纵连横，为我们提供了一窥集体行动之道的历史案例。

> 初，洛阳人苏秦说秦王以兼天下之术，秦王不用其言。苏秦乃去，说燕文公曰：“燕之所以不犯寇被甲兵者，以赵之为蔽其南也。且秦之攻燕也，战于千里之外；赵之攻燕也，战于百里之内。夫不忧百里之患而重千里之外，计无过于此者。愿大

①《荀子·富国》，第138页。
②《孟子·滕文公上》，第97-98页。
③《荀子·王制》，第117页。
④《荀子·荣辱》，第51页。

王与赵从亲，天下为一，则燕国必无患矣。”文公从之，资苏秦车马，以说赵肃侯曰：“当今之时，山东之建国莫强于赵，秦之所害亦莫如赵。然而秦不敢举兵伐赵者，畏韩、魏之议其后也。秦之攻韩、魏也，无有名山大川之限，稍蚕食之，傅国都而止。韩、魏不能支秦，必入臣于秦；秦无韩、魏之规则祸中于赵矣。臣以天下地图案之，诸侯之地五倍于秦，料度诸侯之卒十倍于秦。六国为一，并力西乡而攻秦，秦必破矣。夫衡人者皆欲割诸侯之地以与秦，秦成则其身富荣，国被秦患而不与其忧，是以衡人日夜务以秦权恐愒诸侯，以求割地。故愿大王熟计之也！窃为大王计，莫如一韩、魏、齐、楚、燕、赵为从亲以畔秦，令天下之将相会于洹水之上，通质结盟，约曰：‘秦攻一国，五国各出锐师，或桡秦，或救之。有不如约者，五国共伐之！’诸侯从亲以摈秦，秦甲必不敢出于函谷以害山东矣。”肃侯大悦，厚待苏秦，尊宠赐赉之，以约于诸侯。……于是苏秦说韩宣惠王曰：……韩王从其言。……苏秦说魏王曰：……魏王听之。……苏秦说齐王曰：……齐王许之。……乃西南说楚威王曰：……楚王亦许之。于是苏秦为从约长，并相六国，北报赵，车骑辎重拟于王者。

——《资治通鉴·周纪二》

苏秦得以成功，首先是共同威胁。苏秦的手段就是让各国清楚意识到，秦国是他们共同面临的外在威胁。通过合纵可以避免威胁，实现并力攻秦，也可受秦攻伐时“或桡秦，或救之”。所以公元前334年始，苏秦游说各诸侯国，都以“畔秦”“摈秦”激发合纵动机。即使对远在东部和中间尚隔数国、与秦并不接壤的齐国，也是“以大王之贤和齐之强，天下莫能当。今乃西面而事秦，臣窃为大王羞之”

相激。[①]

其次是中心领导力。赵国最初以实力、能力和领导力发挥合纵领导作用。苏秦先受燕王支持，但燕国弱小，主要是赵国威望和支持，方使其合纵之谋成功。赵国曾与秦数战相持，五战三胜，为当时强国。所以苏秦合纵打的是赵王旗号，当"会秦使犀首伐魏，大败其师四万馀人，禽将龙贾，取雕阴，且欲东兵"时，"苏秦恐秦兵至赵而败从约，念莫可使用于秦者，乃激怒张仪，入之于秦"。[②]还是用计让他的老同学张仪掌握秦之权柄，暂使秦不伐赵，以成合纵之功，可见赵国中心领导作用。

再次是协调执行人。苏秦在这次合纵中是极为重要的策划人、执行人和协调人，没有他作为各国的一个联络协调人，合纵不可能成功。所以当"秦惠王使犀首欺齐、魏，与共伐赵，以败从约"时，"苏秦去赵而从约皆解"。[③]苏秦离去，合纵解体，可见协调执行人的中间枢纽作用。

又次是实利吸引。没有实际利益处的吸引，各国参加合纵联盟的动力明显不足。秦国作为一个共同威胁，只是合纵必要条件或必要性，还不够成为充分条件。苏秦游说各国的砝码、条件，张仪在揭破其缺点时说得很清楚，"夫诸侯之为从者，将以安社稷尊主强兵显名也"，[④]除秦国带来的威胁即实现国家安全外，还有霸王之业、军力、国威。游说楚王时，还把"韩、魏、齐、燕、赵、卫之妙音美人必充后宫，燕、代橐驼良马必实外厩"等更直接的诱惑摆了出来。[⑤]每个国家注重的实际利益有共同性，也因国君个人特征而有差别。

①〔汉〕司马迁著：《史记·苏秦列传第九》，北京：中华书局，2009 年，第 426 页。

②〔宋〕司马光编撰：《资治通鉴·周纪二》，第 62 页。

③〔宋〕司马光编撰：《资治通鉴·周纪二》，第 66 页。

④〔汉〕司马迁：《史记·苏秦列传第九》，第 435 页。

⑤〔汉〕司马迁：《史记·苏秦列传第九》，第 427 页。

最后是明约。公开订立约定，明确联盟各国义务。合纵要约是：“秦攻楚，齐、魏各出锐师以佐之，韩绝其粮道，赵涉河漳，燕守常山之北。秦攻韩魏，则楚绝其后，齐出锐师而佐之，赵涉河漳，燕守云中。秦攻齐，则楚绝其后，韩守城皋，魏塞其道，赵涉河漳、博关，燕出锐师以佐之。秦攻燕，则赵守常山，楚军武关，齐涉勃海，韩、魏皆出锐师以佐之。秦攻赵，则韩军宜阳，楚军武关，魏军河外，齐涉清河，燕出锐师以佐之。诸侯有不如约者，以五国之兵共伐之。”[①]每个国家都有相应义务。

但历史结果是，合纵最终败给连横。连横，是张仪劝说各国共同事奉秦国、称臣秦国。在秦国远交近攻、分而治之的强大压力和现实诱惑面前，合纵失败。失败的因素包括：合纵缺乏实际利益产出，理想超过现实；依赖于协调人，缺乏长久化制度机制；联盟各成员精于计算对比收益成本，都想独占利益，不想分摊或少分摊成本；利益成本分配不对称不协调，弱者搭便车受益，强者担巨大成本；各成员国内部不团结，各国王与下属管理者利益不一致，各有想法打算。最重要的是，对有可能破坏合纵的行为缺乏有力监督与制裁。事实上，流于表面的监督制裁，抵不过实实在在的危险威胁与利好诱惑，总能使个别成员作为“精致的利己主义者”单独行动而破坏整个合纵机制，秦国“分而治之”由此大行其道。

公元前 332 年，齐魏两国在秦诱惑欺骗下进攻赵国，合纵之约虽成不易，解之却易。“秦惠王使犀首欺齐、魏，与共伐赵，以败从约。赵肃侯让苏秦，苏秦恐，请使燕，必报齐。苏秦去赵而从约皆解。赵人决河水以灌齐、魏之师，齐、魏之师乃去。”[②]究其因，正如张仪游说魏王所说：“且夫诸侯之为从者，将以安社稷尊主强兵显名也。今从者一天下，约为昆弟，刑白马以盟洹水之上，以相坚也。而

①〔汉〕司马迁：《史记·苏秦列传第九》，第 425 页。
②〔宋〕司马光编撰：《资治通鉴·周纪二》，第 66 页。

亲昆弟同父母，尚有争钱财，而欲恃诈伪反覆苏秦之馀谋，其不可成亦明矣。”[①]又对楚王说：“夫为从者，无以异于驱群羊而攻猛虎，虎之与羊不格明矣。今王不与猛虎与群羊，臣窃以为大王之计过也。”[②]张仪正是利用各国对秦的畏惧、相互间的不信任，以及各自的侥幸和贪心，轻易瓦解了合纵。

对此，太史公曰：“三晋多权变之士，夫言从衡强秦者大抵皆三晋之人也。夫张仪之行事甚于苏秦，然世恶苏秦者，以其先死，而仪振暴其短以扶其说，成其衡道。要之，此两人真倾危之士哉！”[③]

由此言之，共同体与集体行动，其事之失，其倾之危，不在联盟规模大小、争议解决及其他自组织问题，或更在人之性恶，更在强有力的因人之性、抑人之恶、扬人之善的非齐之“制”缺失。要基于人性，让遵守制度的总收益、分配收益超过总成本和分担成本，破坏制度的损害威胁超过个别获利，实现总收益与个体收益一致、总成本与个体成本一致。

①〔汉〕司马迁：《史记·苏秦列传第九》，第 435 页。
②〔汉〕司马迁：《史记·苏秦列传第九》，第 436 页。
③〔汉〕司马迁：《史记·张仪列传第九》，第 441-442 页。

题 三

善事必先利器：治理方式、治理工具与治理能力

是岁，颍川太守赵广汉为京兆尹。颍川俗，豪杰相朋党。广汉为缿筒，受吏民投书，使相告讦，于是更相怨咎，奸党散落，盗贼不敢发。匈奴降者言匈奴中皆闻广汉名，由是入为京兆尹。广汉遇吏，殷勤甚备，事推功善，归之于下，行之发于至诚，吏咸愿为用，僵仆无所避。广汉聪明，皆知其能之所宜，尽力与否；其或负者，辄收捕之，无所逃；案之，罪立俱，即时伏辜。尤善为钩距以得事情，闾里铢两之奸皆知之。长安少年数人会穷里空舍，谋共劫人；坐语未讫，广汉使吏捕治，具服。其发奸擿伏如神。京兆政清，吏民称之不容口。长老传以为自汉兴，治京兆者莫能及。

——《资治通鉴·汉纪十六》

是岁，东郡太守韩延寿为左冯翊。始，延寿为颍川太守，颍川承赵广汉构会吏民之后，俗多怨仇。延寿改更，教以礼让；召故老，与议定嫁娶、丧祭仪品，略依古礼，不得过法，百姓

遵用其教。卖偶车马、下里伪物者，弃之市道。黄霸代延寿居颍川，霸因其迹而大治。延寿为吏，上礼义，好古教化……在东郡三岁，令行禁止，断狱大减，由是入为冯翊。

——《资治通鉴·汉纪十八》

颍川太守黄霸使邮亭、乡官皆畜鸡、豚，以赡鳏、寡、穷者；然后为条教，置父老、师帅、伍长，班行之于民间，劝以为善防奸之意，及务耕桑、节用、殖财、种树、畜养，去浮淫之费。其治，米盐靡密，初若烦碎，然霸精力能推行之。……霸以外宽内明，得吏民心，户口岁增，治为天下第一，征守京兆尹。顷之，坐法，连贬秩，有诏复归颍川为太守，以八百石居。

——《资治通鉴·汉纪十六》

资料中提到的颍川，是西汉都城长安东边富庶繁荣之郡，相当于今天河南省许昌地区，所辖随时代多次变更。汉宣帝时，曾有赵广汉公元前 73 年、韩延寿公元前 71 年、黄霸公元前 59 年三位治世能臣先后治理颍川，为颍川太守。其中又以黄霸“治为天下第一”。[①]三任颍川太守以不同方式治理颍川，都实现了颍川大治，治绩为世瞩目，因此被汉宣帝征召为京畿地区长官——京兆尹、左冯翊。赵广汉善以法治，不避权贵，“威制豪强”；[②]韩延寿则纠正前任专用法治缺陷，善以礼治，“好古教化”；[③]黄霸在前任基础上，又辅以宽和而治。纵向归纳三人治绩，可归纳为“工欲善其事，必先利其器”，[④]善于利其器；都必须依靠适当、有效方法工具，且方法工具非一。历史表明，不同治理方式都可治理一郡，由此可言，治道“偏

①〔宋〕司马光编：《资治通鉴·汉纪十七》，第 988 页。
②〔宋〕司马光编：《资治通鉴·汉纪十七》，第 976 页。
③〔宋〕司马光编：《资治通鉴·汉纪十七》，第 988 页。
④《论语·卫灵公第十五》，第 173 页。

立而乱，俱立而治，其足以稽矣”。[①]

一、治理方式：俱立而治的中国制度构造论

由历史观之，治理方式两大方面相辅相成。一为心治，二为体从。心服体从，然后教化可行，治理才能形成合力。而治理本质，从整个人与自然关系范畴言，就在于力量，即疏导各种能力条件，形成改善自身生存发展处境的人群合力，甚至能够与自然相互作用的力量。道、德、仁、义、礼，为心治。势、法、严、力、政，为体从。心治者，以人性之向善思善。体从者，以人之本性有恶。心有向善思善之德性，未必有向善为善之行动。体有欲求之行动，未必合向善思善之德性。治理过程应当通过两大方面制度条件构建，保障心服体从，实现所思所行向善为善的一致性，协同实现善治。

1. 道与势

“道者人之所蹈。”[②]道是人所应走要走的路，所遵循的规律、方向。但人能知其道，并不必然走其道，这就需要一定的外在形势和条件驱动。因此治理过程首先要指明方向、规律、道理，更要构建特定保障条件，两者相互为用。需要明白“处胜人之势，行胜人之道，天下莫忿”，而“处胜人之势，不以胜人之道，厚于有天下之势，索为匹夫而不可得”之理。[③]

道，甲骨文  = （行，四通的大路）+ （人，行者），表示一个人行走在路上。金文  用“首”和“止”  代替甲骨文字形“人” ，“首”  表示动脑筋，“止”  表示行走， 表示且思且行。有金文  用

① 《荀子·君道》，第 192 页。

② 中国人民解放军军事科学院军事学院古代兵法译注组编：《黄石公三略译注》，第 27 页。

③ 《荀子·强国》，第 254 页。

“又”（朝上之手，抓持）代替“止”（行走），表示牵拉引路。有金文用“爪”（朝下之手，抓持）、“又”（朝上之手，抓持）、“曰”（说明）构成代替，强调“牵引、说明、向导”。造字本义是向导、带路，给不知方向的人引路。《说文解字·辵部》：“道，所行道也，从辵，从首，一达谓之道。”[①]

势（勢），篆文=（埶，拘捕）+（力，强力），表示强力拘捕。造字本义是强力拘束。隶书将篆文字形写成，将篆文字形写成。简体汉字简化为势。《说文解字·力部》：“势（勢），盛力权也，从力，执声。”[②]

2. 德与法

“德者人之所得。”[③]人之所得，与万物所得不同，因为人是有辨别力的。《荀子》言：“人之所以为人者，非特以二足而无毛也，以其有辨也。”[④]古文“德”与“得”有时相通，即“得”要正直、得之坦然、心安理得，强调“得”要按“德”的原则进行，得之以德。如此立德引导人民，社会公正可期，才是人性之得，才能不断实现《周易》所言“成性存存，道义之门。”[⑤]但另一方面，人之不齐使德不能独行，必须有使人正直、立德守德之法相伴。如《商君书》言：

①〔汉〕许慎：《说文解字》，第 36 页。
②〔汉〕许慎：《说文解字》，第 294 页。
③ 中国人民解放军军事科学院军事学院古代兵法译注组编：《黄石公三略译注》，第 27 页。
④《荀子·非相》，第 59 页。
⑤《周易·系辞上传》，第 343 页。

“仁者能仁于人，而不能使人仁；义者能爱于人，而不能使人爱。是以知仁义之不足以治天下也。圣人有必信之性，又有使天下不得不信之法。”[1]又说：“国之乱也，非其法乱也，非法不用也。国皆有法，而无使法必行之法。”[2]同样，世风之乱，非无德，是无使德必行之法。故欲立德，必有行德之法；行德之公法，胜于个体之私德。正所谓《周易》言：“君子以制数度，议德行。”[3]需要通过制定统一的礼数法度，评议规范个人道德、职业道德、家庭美德、社会公德。

德，甲骨文 = （彳，行）+ （直，目光直），表示行得正直。金文 将甲骨文字形“直” 写成 。有金文 加“心” ，强调“坦荡、问心无愧”之义。篆文 将“直” 变成 ，“直心”字形 变成“十目一心” 。造字本义是行得目直心正而不邪。《说文解字·彳部》：“德，升也，从彳， 声。”[4]

得，甲骨文 = （手，拾）+ （贝，原始货币），表示一手持贝。有的甲骨文 加“彳” （行进），表示古人长途跋涉寻拾贝壳。金文 承续甲骨文字形。造字本义是捡到贝壳、持有贝壳、获取财富。《说文解字·彳部》：“得，行有所得也，从彳，㝵声。㝵，古文省彳。”[5]

法，原作“灋”。金文 = （去，去除）+ （水，平之如水）+ （廌，传说神兽獬豸，能辨是非曲直，以角抵不正者、以口食不正者）。

①《商君书·画策》，第 138 页。
②《商君书·画策第十八》，
③《周易·节卦》，第 307 页。
④〔汉〕许慎：《说文解字》，第 37 页。
⑤〔汉〕许慎：《说文解字》，第 37 页。

会意像“廌”一样把不正直之人除“去”，保证公平如“水”。[①]篆文将字形调整成上下结构，简体篆文省去“廌”。《说文解字·廌部》：“法（灋），刑也，平之如水，从水。廌，所以触不直者，去之，从去。”[②]

3. 仁与严

“仁者人之所亲。”[③]但仁爱无节制，则易跨越界限、混淆是非、伤情害感，反而损害仁的本义，导致共同体障碍。子曰：“知及之，仁不能守之，虽得之，必失之。知及之，仁能守之，不庄以莅之，则民不敬。知及之，仁能守之，庄以莅之，动之不以礼，未善也。”[④]仁慈还必须辅以严肃、威严、分寸、约束。

仁，甲骨文=（人）+（二，等同），表示二人相等相亲，视人若己，将心比心。金文将甲骨文字形写成“尸”。篆文承续甲骨文字形。造字本义是亲爱于人，视人若己，同情包容，尊重人道，特别是强势者对弱势者要厚道。《说文解字·人部》：“仁，亲也，从人，从二。，古文仁，从千心。，古文仁或从尸。”[⑤]

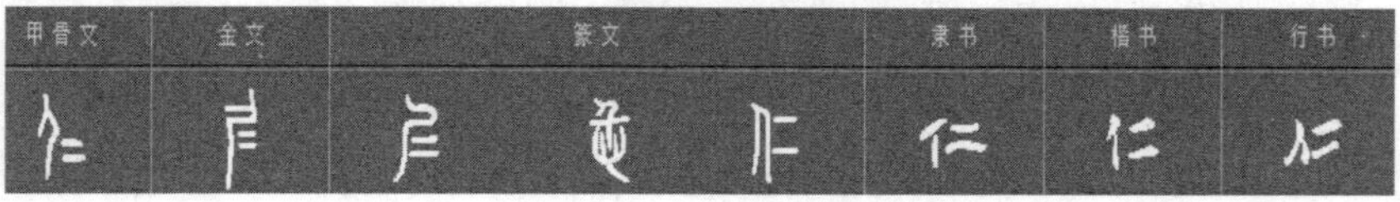

严（嚴），金文=（岩，坚硬不变）+（帚，体罚所用竹丝

①王祥之：《图解汉字起源》，第 428 页。
②〔汉〕许慎：《说文解字》，第 201 页。
③ 中国人民解放军军事科学院军事学院古代兵法译注组编：《黄石公三略译注》，第 27 页。
④《论语·卫灵公第十五》，第 178 页。
⑤〔汉〕许慎：《说文解字》，第 159 页。

竹鞭）+（又，抓持）+（口，训诉），表示以苛刻标准体罚训斥。有金文将“岩”写成，或将写成。篆文将“岩”写成，写成，强调肉体遭受打击（殳）。造字本义是打击斥罚，用苛刻标准要求。简体字简化为严。《说文解字·吅部》：“严（嚴），教命急也，从吅（xuān），厰声。𡹑，古文。”[①]

4. 义与力

“义者人之所宜。”[②]但正义往往不会自动实现，需以强力保障。不管是商鞅所说“逆取而贵顺”“取之以力，持之以义”，[③]还是《荀子》言“力术止，义术行”，[④]都强调正义、道义与力量、能力的相互必要性，正义需要强大能力或力量来获得、维持。行之以义，才能守道明理化人；行之以力，才能止恶扬善成事。

义（義），甲骨文=（羊，即祥，祭祀占卜显示吉兆）+（我，有利齿的武器戌，），表示己之威仪、威猛，必有吉兆。金文、篆文承续甲骨文字形。篆文异体字=（羊，即祥，吉兆、祥和）+（弗，休战），表示休战和平，揭示“道义”的另一层含义。造字本义是通过祭祀占卜仪式表明己方战斗的正当性、公正性，有神灵护佑必获胜利，代表天道天意。《说文解字·我部》：“义（義），己之威仪也，从我、羊。羛，《墨翟书》义从弗。魏郡有羛阳乡，读若锜。今属邺，本内黄北二十里。”[⑤]简体字简化为义。

---

①〔汉〕许慎：《说文解字》，第 29 页。
② 中国人民解放军军事科学院军事学院古代兵法译注组编：《黄石公三略译注》，第 27 页。
③《商君书·开塞第七》，第 71 页。
④《荀子·强国》，第 258 页。
⑤〔汉〕许慎：《说文解字》，第 267 页。

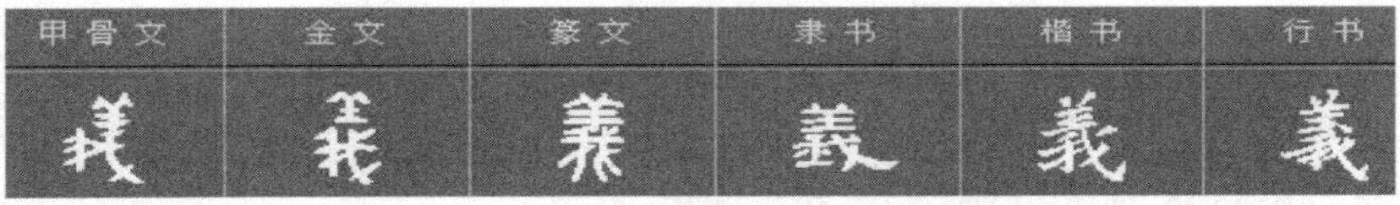

力，甲骨文，与“又”同源，象形为向下伸展手臂，是右手（即又）的变形。有甲骨文写作“左”。表示手臂由于大量日常劳动而强壮有劲。金文基本承续甲骨文字形，突出手掌手指形象。有金文将甲骨文字形手臂写成弯曲形状。造字本义是强壮有劲的手臂。《说文解字·力部》：“力，筋也，像人筋之形，治功曰力，能圉大灾，凡力之属皆从力。”[①]因此，从力中又可引申出功绩制、功利性、技术性的治理方式。

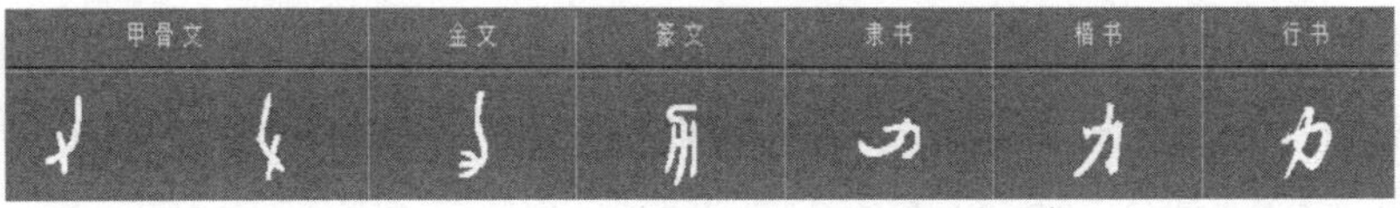

5. 礼与政

“礼者人之所体。”[②]礼是人的行为规范，《荀子》言：“礼者，所以正身也”，[③]“人之所履也，失所履，必颠蹶陷溺”。[④]从行为规范出发扩展，礼还有多层含义。中国传统智慧以“礼”为范畴，表达了对制度形成、制度变迁、制度要素、制度特点、制度作用的深刻理解。第一，礼是调节人事物边际关系的限度、约束，可持续满足人民需求。《荀子》由此推导了制度形成的根本原因和目的，是出于人因欲求产生的争乱并解决之，认为：“人生而有欲，欲而不得，则不能无求；求而无度量分界，则不能不争；争则乱，乱则穷。先王恶其乱也，故制礼义以分之，以养人之欲，给人之求，使欲必不穷

①〔汉〕许慎：《说文解字》，第 293 页。
② 中国人民解放军军事科学院军事学院古代兵法译注组编：《黄石公三略译注》，第 27 页。
③《荀子·修身》，第 21 页。
④《荀子·大略》，第 443 页。

于物，物必不屈于欲，两者相持而长，是礼之所起也。故礼者，养也。”[①]第二，礼的功能作用极为广泛，表现在生活生产、国家管理与法律的所有领域层面。《荀子》认为礼是人们相互区分与分工、协同的权责利体系，也是执政者从事政务的基本程序，还是制定法律规范的总纲，具有宪法作用。荀子说：“先王恶其乱也，故制礼义以分之……足以相兼临者，是养天下之本也。”[②]又说：“礼者，政之挽也。为政不以礼，政不行矣。”[③]还说：“《礼》者，法之大分、类之纲纪也。”[④]由此说明制度的广泛作用。第三，礼作为人类社会文明制度的重要性不言而喻，对人对事对国极为重要。《荀子》认定：“礼者，人道之极也。然而不法礼，不足礼，谓之无方之民；法礼足礼，谓之有方之士。”[⑤]因此“礼之于正国家也，如权衡之于轻重也，如绳墨之于曲直也。故人无礼不生，事无礼不成，国家无礼不宁”。[⑥]政策政令等政务必须以制度进行，保证规范。制度重要性，也集中通过政策政令等政务活动来体现和保障。第四，礼有等次之别。好的制度理性与感情并重，既注意合理也注意合情。稍次则理性与感情互有交替。再次则制度归于原始质朴之情。《荀子》对此说“至备，情文俱尽；其次情文代胜；其下，复情以归大一也”。[⑦]第五，礼的要素多元。制度工具、制度表达、制度差异、制度繁易，都对制度运行产生影响。《荀子》言：“礼者，以财物为用，以贵贱为文，以多少为异，以隆杀为要。文理繁，情用省，是礼之隆也；文理省，情用繁，是礼之杀也；文理、情用相为内外表理，并行而杂，是礼

①《荀子·礼论》，第300页。
②《荀子·王制》，第117页。
③《荀子·大略》，第437页。
④《荀子·劝学》，第7页。
⑤《荀子·礼论》，第306页。
⑥《荀子·大略》，第443页。
⑦《荀子·礼论》，第305页。

之中流也。”[①]总之，礼是符合人类社会需求的文明制度。《荀子》推导了制度形成的根本原因，指明了礼作为制度约束和行为准则的功能地位、重要作用、影响因素等。此外，《商君书》等著作也通过描述上世—中世—下世历史进化过程，表达了从无到有、从变到稳、从人到法的制度形成与变迁主张。这些早期智慧，值得借鉴研究。

礼（禮）的本字是“豊”。豊（lǐ），甲骨文 = （像许多打着绳结的玉串）+（壴，有脚架的建鼓），表示击鼓献玉，敬奉神灵。金文承续甲骨文字形。当“豊”作为单纯字件后，有金文加“示”（祭祀）另造“禮”，强调“禮”的“祭拜”含义；同时将“玉串”和“建鼓”构成的金文，拆写成“曲”和“豆”，玉和鼓的形象消失。还有金文加“酉”（酒）另造“醴”，表示以美玉、美酒敬神。篆文承续金文字形。造字本义是击鼓奏乐，用美玉美酒敬拜祖先和神灵。《说文解字·示部》：“礼（禮），履也，所以事神致福也，从示，从豊，豊亦声。”[②]

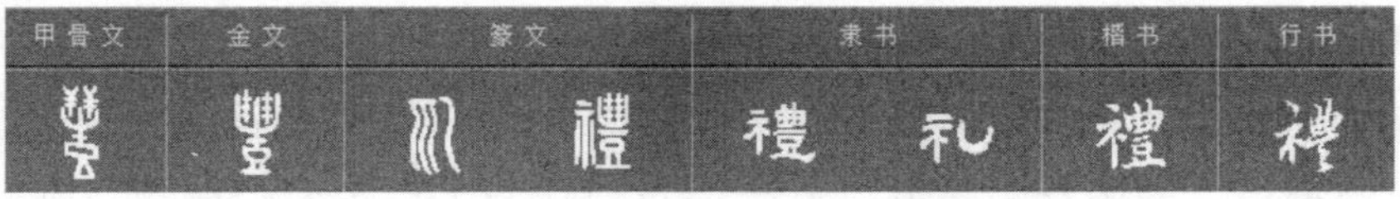

综上，治理方式虽各有特点，但相用相生。汉朝初立，汉高祖刘邦与大臣陆贾的一段对话生动形象，恰好说明治理方式综合使用、辩证平衡的重要性。

> 陆生时时前说称《诗》《书》，帝骂之曰：“乃公居马上而得之，安事《诗》《书》!”陆生曰：“居马上得之，宁可以马上治之乎？且汤、武逆取而顺守之；文武并用，长久之术也。昔者吴王夫差、智伯、秦始皇，皆以极武而王。乡使秦已并天下，

①《荀子·礼论》，第306页。

②〔汉〕许慎：《说文解字》，第1页。

行仁义，法先圣，陛下安得而有之！”帝有惭色，曰：“试为我著秦所以失天下、吾所以得之者及古成败之国。”陆生乃粗述存亡之征，凡著十二篇。每奏一篇，帝未尝不称善，左右呼万岁；号其书曰“新语”。

——《资治通鉴·汉纪四》

公元前 336 年孟子游说梁惠王时批判功利主义，同样也对“偏立而乱”提出了极为深刻的警示，也从侧面说明“兼立而治”的重要性。

孟子见梁惠王。王曰：“叟，不远千里而来，亦将有以利吾国乎？”孟子对曰：“王，何必曰利？亦有仁义而已矣。王曰：‘何以利吾国？’大夫曰：‘何以利吾家？’士庶人曰：‘何以利吾身？’上下交征利，而国危矣！万乘之国，弑其君者必千乘之家；千乘之国，弑其君者必百乘之家。万取千焉，千取百焉，不为不多矣。苟为后义而先利，不夺不餍。未有仁而遗其亲者也，未有义而后其君者也。王亦曰仁义而已矣，何必曰利？”

——《孟子·梁惠王上》

二、治理工具

治理工具繁多，不胜枚举。《管子》提出“服于威杀然后从，见利然后用，被治然后正，得所安然后静”观点，[①]详细列出权威刑罚、利益引导、行为规制、安定保障等四种治理工具。司马迁《史记》提出“善者因之，其次利道之，其次教诲之，其次整齐之，最下者

①《管子·正世》，第 257 页。

与之争”，[①]列出顺其自然、随势利导、劝化教育、制度约束、利益竞争等五种治理工具。这些观点有的乍看令人难以接受，但对特殊历史时期特殊矛盾或乱象治理发挥过重大作用。只要人性尚未有本质性飞越，则如《荀子》所言：“类不悖，虽久同理。”[②]基于此，可根据人们易于接受的程度顺序，以标签方式简要归纳五大类工具箱，依次名之曰：精神、利益、习俗、合法性、强制。[③]每一工具箱可据实演化出各种细密实用工具。

1. 精　神

人的治理，首在精神，首在心理世界。《管子》比喻说：“心之在体，君之位也。……心处其道，九窍循理”，[④]“治心在于中，治言出于口，治事加于人，然则天下治矣。……治之者心也，安之者心也”。[⑤]内心与精神世界治理，并不指向神秘性，非指求助于神灵宗教，而是说治理要保持一种对治理现象问题、目标对象的郑重性、虔诚性、专一性和敬畏感，不可凭好恶为之、自大为之，实则是保持对规则、法则、规律的遵循与尊重。

主要原因，首在世界本身、万象规律的宏大性。中国传统智慧言神，指万物规律奥妙。《周易》言：“神也者，妙万物之为言者也。”[⑥]《鬼谷子》则直接指出古时人们所谓“神明”的本源就是很难直接观

①〔汉〕司马迁：《史记·货殖列传第六十九》，第 751 页。

②《荀子·非相》，第 61 页。

③ 西方学者讨论行为体可能遵循文化规范的理由时，往往强调三种：被迫遵守、利益驱使、承认规范的合法性。美国国际政治学者亚历山大·温特认为这三种理由更应被看作是规范得以内化的三种等级：强迫、利己、合法性，并由此形成三种构建一定结构的途径：武力、代价、合法性。参见[美]亚历山大·温特：《国际政治的社会理论》，秦亚青译，上海：上海人民出版社，2000 年，第 319-396 页。实际上，他看到了比较显见的东西，但还忽略了许多普遍存在并支配人的行为、但又不易显化的内容。

④《管子·心术》，第 197 页。

⑤《管子·内业》，第 272-274 页。

⑥《周易·说卦传》，第 402 页。

察捕捉作为规律法则的“道”，“道者，天地之始，一其纪也，物之所造，天之所生，包宏无形，化气，先天地而成，莫见其形，莫知其名，谓之神灵。故道者，神明之源，一其化端”。[①]面对茫茫宇宙、浩浩历史的未知世界，老子、孔子、荀子等先贤智者都发出“无知”之叹。《荀子》更具体指出了“蔽于一曲而暗于大理”“蔽于一曲而失正求”的凡人之患。[②]莫不显示人类所知之少，凸显出人的狭隘性，即马克思所言一定历史阶段上观念地反映在自然宗教和民间宗教中，“人们在物质生活生产过程内部的关系，即他们彼此之间以及他们同自然之间的关系”的狭隘性。[③]

由此《管子》所提“顺民之经在明鬼神，祗山川，敬宗庙，恭祖旧”无疑是一种保守的精神治理工具，“不明鬼神则陋民不悟，不祗山川则威令不闻，不敬宗庙则民乃上校，不恭祖旧则孝悌不备”。[④]此话虽旧，在现代科学面前有所谓“糟粕”，但对易迷失于繁华喧嚣的精神世界而言，仍不失雷鼓之音。对规律法则道义有所敬畏，才有所凝聚，有所导向，有所自治，恰是一切善治的开始。正如《荀子》言：“故治乱在于心之所可，亡于情之所欲。”[⑤]因此根据时世变化构建有所导向的精神系统，不失为善治之举。但心服不一定有体从的行动跟进，往往还由特定力量、形势与条件来推动。这些力量中，最基本的来自人本性中对利的追求。

神，源于“申”。“申”“电”“神”本同字。申，甲骨文像神秘的霹雳、开裂的闪电。古人认为打雷闪电是至高无上的天神在发怒。“申”的“闪电”和“天神”本义消失后，金文加“示”另造“神”。

①《鬼谷子·本经阴符七术》，第 95 页。
②《荀子·解蔽》，第 336 页。
③《马克思恩格斯文集》第 5 卷，北京：人民出版社，2009 年，第 97 页。
④《管子·牧民》，第 2 页。
⑤《荀子·正名》，第 369 页。

金文 = (示，祭祀) + (申，闪电)，表示祭拜发出闪电的天公。篆文 将金文字形 写成 。造字本义是古人祭拜天公，以之为万物创造者、掌控者。《说文解字·示部》："神，天神，引出万物者也，从示申。"[①]

2. 利　益

管子、商鞅、荀子等对人性好利的论述已经很多。比如《管子》："夫凡人之情，见利莫能勿就，见害莫能勿避。……故利之所在，虽千仞之山，无所不上；深源之下，无所不入焉。故善者势利之在，而民自美安，不推而往，不引而来，不烦不扰，而民自富。"[②]《荀子》："夫好利而欲得，此人之情性也。"[③]《管子》重视"通利"对国家、社会和经济治理的重要作用，提出"利然后能通，通然后成国。利静而不化，观其所出，从而移之"。[④]顺应和利用人好利特性来改进完善治理体系，古今中外概莫能外。

西方称之为经济理性人假设，即"自利的打算"。[⑤]西方政治经济学开创人物亚当·斯密的名言是，人们"受着一只看不见的手的指导，去尽力达到一个并非他本意想要达到的目的。也并不因为事非出于本意，就对社会有害。他追求自己的利益，往往使他能比在真正出于本意的情况下更有效地促进社会的利益"。[⑥]就是希望每个

①〔汉〕许慎：《说文解字》，第 2 页。
②《管子·禁藏》，第 307-308 页。
③《荀子·性恶》，第 379 页。
④《管子·侈靡》，第 192 页。
⑤ [英]亚当·斯密：《国民财富的性质和原因的研究》上卷，郭大力、王亚南译，北京：商务印书馆，1974 年，第 14 页。
⑥ [英]亚当·斯密：《国民财富的性质和原因的研究》下卷，郭大力、王亚南译，北京：商务印书馆，1974 年，第 27 页。

人在追求自己利益的同时，自动地有助于全社会。但历史也同时证明自利行为造成的恶意竞争对社会共同体损害极大。对利的追求、运行过程也需要有相应的约定，《周易》云：“利者，义之和也。”[①]《荀子》认为只有“正利而为谓之事，正义而为谓之行”。[②]利，应求之正义。不仅利己，还要利人，更要利物，在西方所谓帕累托效应基础上通过制度约束与协调，进一步扩大至整个生命赖以存在的生态支持系统。一是对人逐利过程的运行，必有约定俗成的共识过程，有非正式机制。二是对“同求而异道，同欲而异知”等不同认识、方法所致争议的解决，需先行确定最高法律、制度、标准，有更正式的机制。如《荀子》言：“凡议，必将立隆正然后可也。无隆正，则是非不分而辨讼不决。”[③]

利，甲骨文 = （禾，庄稼）+（刀），像用刀收割庄稼，镰刀与庄稼之间两点，表示割落的庄稼籽实。有甲骨文省去两点。金文承续甲骨文字形。有金文承续甲骨文字形。造字本义是用刀收割庄稼。隶书楷书利将篆文字形写成，写成。《说文解字·刀部》：“利，铦也，从刀，和然后利，从和省，《易》曰：‘利者，义之和也。’”[④]

3. 习　俗

习俗给人以相当稳定的行为条件和互动环境，并重复刻画人的心智思维模式。习俗简言之是一个“约定俗成谓之宜，异于约则谓

---

①《周易·乾卦》，第 9 页。
②《荀子·正名》，第 357-358 页。
③《荀子·正论》，第
④〔汉〕许慎：《说文解字》，第 85 页。

之不宜”的过程。[①]孔子说：“少成若天性，习惯如自然。”[②]《荀子》说：“习俗移志，安久移质”，[③]“人习其事而固”。[④]良风善俗培养君子，反过来说，伤风败俗则君子避之。如《荀子》言兰槐之根渐之滫，则“君子不近，庶人不服”，[⑤]故“君子之所渐，不可不慎也”。[⑥]大众习惯会形成个体行动的环境，因此持续培养人的理性思维能力、自我规约能力，构建一种良性参与治理的文明习惯模式、条件环境，使之成为人日常生活所需，并从以往和日常经验案例中学习事理，可以节省不必要的治理资源耗费，避免治理的繁杂与人力的劳苦多怨，对于提高治理效率和长治久安十分重要。

俗，金文=（人）+（“欲”的省略）。篆文承续金文字形。造字本义是人的日常欲求。《说文解字·人部》：“俗，习也，从人，谷声。”[⑦]

4. 合法性

《商君书》有“爱恶各以其正，治之至也。……法任而国治”之说，[⑧]《管子》有“法制不议，则民不相私”之言，[⑨]无非是说明法制工具的重要性，给社会群体行为与争议提供一种度量、分界、标准，从而实现“有生法，有守法，有法于法……君臣上下贵贱皆从

①《荀子·正名》，第 362 页。
②〔宋〕司马光编撰：《资治通鉴·汉纪六》，第 526 页。
③《荀子·儒效》，第 108 页。
④《荀子·君道》，第 199 页。
⑤《荀子·劝学》，第 3 页。
⑥《荀子·大略》，第 458 页。
⑦〔汉〕许慎：《说文解字》，第 163 页。
⑧《商君书·慎法第二十五》，第 171 页。
⑨《管子·法禁》，第 101 页。

法，此谓为大治”的社会状态。[1]但法的制定，一要经过讨论，如《荀子》言：“法而不议，则法之所不至者必废。”[2]其中，一个极重要的参照来源，即约定已成、行之已久的习俗或非正式机制。二要明白易知，才有利于各种层次的社会全体成员执行。如《商君书》言：“夫知者而后能知之，不可以为法，民不尽知。贤者而后知之，不可以为法，民不尽贤。故圣人为法必使之明白易知，名正，愚知遍能知之。”[3]

5. 强　制

传统治理把强制作为重要工具。《管子》提出：“凡先王治国之器三……号令也，斧钺也，禄赏也。”[4]这其中，无论是号令还是斧钺，强制色彩颇重。强制虽能直接达到体从目标，但“强不能遍立，智不能尽谋”，[5]其负作用、反作用力也最大。无论人本性还是人性追求，都驱使人们避免长期生活于高度紧张的力量强制与压力环境，由此，利的自动导向、习俗教化的影响、法律规范的约束等便显重要。

强，篆文 = （弘，弓臂有力）+ （虫，爬行动物）。造字本义是力量巨大的大型爬行动物。隶书楷书 强 将篆文字形 写成 ，写成 。《说文解字·虫部》：“强，蚚也，从虫，弘声。”[6]

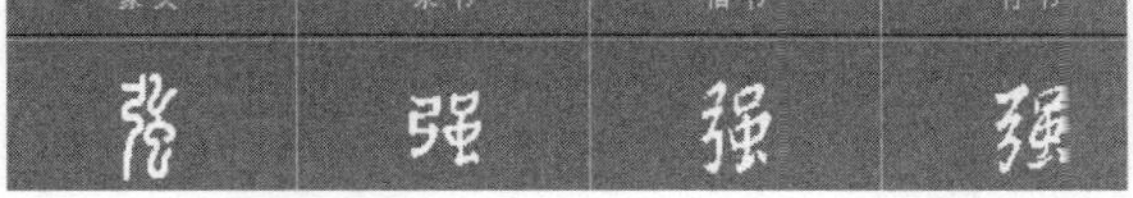

一般而言，精神（心神）工具箱包括仪式（感）、节日、纪念等，

①《管子·任法》，第 247 页。
②《荀子·王制》，第 115-116 页。
③《商君书·定分第二十六》，第 180 页。
④《管子·重令》，第 111 页。
⑤《管子·心术》，第 199 页。
⑥〔汉〕许慎：《说文解字》，第 280 页。

强制工具箱包括政令、惩戒、规制（管制）、武力等，利益工具箱包括价格、市场、供求、功绩、奖励等，合法性工具箱包括法律、规则（规范）、条例、规划、程序、推行落实与监督规则实施的人格化机构体系等，习俗工具箱包括惯例、经验、约定等。从心理主观接受度上说，这五类工具从高到低，可依次为精神、利益、习俗、合法性、强制；但从行为客观驱动力上说，顺序却相反。由此更凸显出这些工具相互配合使用的重要性。根据事物领域层次特点，以某一工具为主，整体过程上相继相并辅以其他工具、综合使用，则效果互增。

三、治理方法

中国智慧的治理方法往往与西方机械流程式方法有所不同，重在表达上述治理方式、工具的应用原则或窍门，具有某种概念思维、战略思维或所谓艺术层次的特征。《管子》提出“则、象、法、化、决塞、心术、计数”七种治理方法。[①]以此为基，或可一窥中国治理方法的智慧性和高超艺术性。

根天地之气，寒暑之和，水土之性，人民、鸟兽、草木之生，物虽不甚多，皆均有焉而未尝变也，谓之则。义也、名也、时也、似也、类也、比也、状也，谓之象。尺寸也、绳墨也、规矩也、衡石也、斗斛也、角量也，谓之法。渐也、顺也、靡也、久也、服也、习也，谓之化。予夺也、险易也、利害也、难易也、开闭也、杀生也，谓之决塞。实也、诚也、厚也、施也、度也、恕也，谓之心术。刚柔也、轻重也、大小也、实虚也、远近也、多少也，谓之计数。

①《管子·七法》，第 61 页。

……错仪画制，不知则不可；论材审用，不知象不可；和民一众，不知法不可；变俗易教，不知化不可；驱众移民，不知决塞不可；布令必行，不知心术不可；举事必成，不知计数不可。

——《管子·七法》

则，即规律，就是要求掌握治理问题、对象的内在根源、本质。象，即形象表现，就是熟悉治理问题、对象的具体结构、特征。法，即规范，就是制定治理的基本标准、最高规则。化，即教化转化，就是明了治理效应、实施善治的渐进过程。决塞，即疏通堵塞，就是解决治理过程机制的重点难点堵点、关键临界点。心术，即性格禀赋，就是因应、运用、激励人的心理特质、人性动机。计数，即统计，就是善于测量、掌握适时信息和实际情况。这些方法实际上已经把治理的本质、表象、原理、结构、过程、动力、规则、突破点、信息、激励包括在内，重要的是如何结合时事变化具体取舍应用。

四、治理体系与治理者

天、地、人是中国传统治理智慧比较注重的三大要素。三者交互作用——融通、变化与推广，形成无穷人事。《周易》有“通变之谓事”，[①]有“形而上者谓之道，形而下者谓之器。化而裁之谓之变，推而行之谓之通，举而错之天下之民谓之事业”之说。[②]因此总体判断，天、地、人、事，代表治理体系四大支柱，天祥、地宜、人顺、事成，意指治理四大目标。得天时则祥，度地利则宜，和人心则顺，

①《周易·系辞上传》，第340页。
②《周易·系辞上传》，第362页。

事善能则成。进一步细分，还可分成天时、地利、人心、法令、民力、财力、才智、谋略、内政、外交等治理要素。如《管子》云："夫为国之本，得天之时而为经，得人之心而为纪。法令为维纲，吏为网罟，什伍以为行列，赏诛为文武。"[1]列举天时、人心、法令、官制、居民编制、激励体系，可谓言之已清。

这些要素的合理分工与有机作用，形成适宜的环境（资源）—财富—生命链条、生态系统、治理体系。上下级纵向分层、横向专业分工，治理层级幅度、领域专业化、操作异质化同质化协调平衡。体系职能分工与协调各有侧重，通过"明分使群"生成集体力量。对此，《管子》说："为人君者，修官上之道，而不言其中；为人臣者，比官中之事，而不言其外。"[2]"君择臣而任官，大夫任官辩事，官长任事守职，士修身功材，庶人耕农树艺。"[3]《荀子》说："农分田而耕，贾分货而贩，百工分事而劝，士大夫分职而听，建国诸侯之君分土而守，三公总方而议，则天子共己而止矣。"[4]可以说，形成上下有序、统分结合的整体有机体。

治理体系因职能运作差异呈现不同系统状态。最好的治理体系正是不论"亲疏远近、贵贱、美恶，以度量断之"的治世，[5]"上下贵贱皆从法"的"天下大治"状态。[6]此种状态下，整个体系职能运作以制度法律为最高裁判依据，保持公正性。需要防止的较坏状态是，以治理者个人好恶为出发点导致专断，或者以围绕治理者的小群体好恶形成利益集团。同时为保证体系运转有序，还要做到为治有体，上下左右不可相侵，能够明确分工、各负职责。

①《管子·禁藏》，第 308 页。
②《管子·君臣》，第 176 页。
③《管子·五辅》，第 75 页。
④《荀子·王霸》，第 179 页。
⑤《管子·任法》，第 251 页。
⑥《管子·任法》，第 247 页。

那么治理者在整个治理体系中发挥什么作用？实际如前所述，治理者是治理规则的人格化形式，是群体社会能力进而各种力量作用合力的使用规则之人格化形式。治理体系的参与者，都有可能成为重要治理者，在不同分工领域和层面承担创设、实施、维持治理规则、反馈规则效果的重要角色。整个规则可以分为整体性的根本规则——承诺性、理念性规则，不同领域的主干规则——指导性、规范性规则，具体节点位置的行动规则——指令性、操作性规则。规则链顶端——根本规则的人格化代表者、维护者、变革者，往往被视为整个治理体系的掌舵者、驾驭者。司马光《资治通鉴》开篇对最高治理者及各治理角色的论述极为精辟。

> 臣光曰：臣闻天子之职莫大于礼，礼莫大于分，分莫大于名。何谓礼？纪纲是也。何谓分？君、臣是也。何谓名？公、侯、卿、大夫是也。
>
> 夫以四海之广，兆民之众，受制于一人，虽有绝伦之力，高世之智，莫不奔走而服役者，岂非以礼为之纪纲哉！是故天子统三公，三公率诸侯，诸侯制卿大夫，卿大夫治士庶人。……上之使下犹心腹之运手足，根本之制支叶，下之事上犹手足之卫心腹，支叶之庇根本，然后能上下相保而国家治安。
>
> ——《资治通鉴·周纪一》

由此，围绕治理规则的制定、实施、维持、变革而形成的规约能力、变革能力极为重要。越失去规约和变革能力，越返近原始本性；越具备强大的规约能力、变革能力，越增进文明之善、文明之强。

围绕规约能力、变革能力等，可区分治理者三种不同层次。第一种是一切以公法为准，任公不任私；第二种是以个人好恶为转移，不协商不讨论；第三种则被偏好对象个人好恶所绑架俘虏。诚如《管子》言："爱人不私赏也，恶人不私罚也，置仪设法以度量断者，上主也。爱人而私赏之，恶人而私罚之，倍大臣，离左右，专以其心断者，中主也。臣有所爱而为私赏之，有所恶而为私罚之，倍其公法，损其正心，专听其大臣者，危主也。"[①]现实来看，不论哪一层级，对治理者的要求最好是公法与众智、政策与商议、公益与私利、宏观与具体协同结合。

五、治理指标

治理状况如何，可通过一系列标志观察。《管子》列出八观之法，有迹可循。

> 行其田野，视其耕耘，计其农事，而饥饱之国可知也。行其山泽，观其桑麻，计其六畜之产，而贫富之国可知也。入国邑，视宫室，观车马衣服，而侈俭之国可知也。课凶饥，计师役，观台榭，量国费，而实虚之国可知也。入州里，观习俗，听民之所以化其上，而治乱之国可知也。入朝廷，观左右，求本朝之臣，论上下所贵贱者，而强弱之国可知也。置法出令，临众用民，计其威严宽惠行于民与不行于其民，兴废之国可知也。计敌与，量上意，察国本，观民产之所有余不足，而存亡之国可知也。故以此八观者，观人主之国，而人主毋所匿其情矣。
>
> ——《管子·八观》

实际上可以反过来说：观饥饱，知生产能力；观贫富，知资源分配；观侈俭，知消费心态；观虚实，知财力大小；观治乱，知治安好坏；观强弱，知政治清浊；观兴废，知法令行止宽严刚柔；观

①《管子·任法》，第 248 页。

存亡，知本末源流正反、积累断续有无。

六、惟毅力足恃：驾驭治理的领导力、执行力、恢复力

驾驭整个治理体系，实现治理指标，需要强有力的领导者、执行者与全要素全过程合作。不管由谁充任领导者、执行者，其关键、根本、源头，是有坚强的领导力、执行力和应对事变的恢复力。领导力、执行力通常受到人们重视，恢复能力或反思重建能力往往易受忽视。“艰难困苦，玉汝于成。”[①]实际治理过程不仅仅是常态事务、平时情境的治理，而是往往面临更多艰难险阻、意外突发事件、紧急状态或所谓战时情境的治理，因此，能否从困难挫折中涅槃重生、重塑自我、保持稳定和强有力的可持续性相当重要。

楚汉之争项羽、刘邦等人的失败和成功，给我们提供了比较案例。项羽、刘邦两人个性特质明显不同。一个喜欢自己练武成才、靠己行动，一个喜欢与人结交、用人治事；一个喜欢个人逞勇斗力，一个喜欢群体集思斗智；一个屡战屡胜但最后输不起，一个屡败屡战但最后一战而成。说到底，是领导力、执行力、恢复力的重大差异。

> 籍少时学书，不成，去；学剑，又不成。项梁怒之。籍曰：“书，足以记名姓而已！剑，一人敌，不足学。学万人敌！”于是项梁乃教籍兵法，籍大喜；略知其意，又不肯竟学。籍长八尺馀，力能扛鼎，才器过人。

① 出自北宋大儒张载《西铭》句“贫贱忧戚，庸玉汝于成也”，后演变简化为“艰难困苦，玉汝于成”。可参见赵军良、严惠婵编著：《北宋大儒张载》，西安：太白文艺出版社，2016年，第200页。

刘邦，字季，为人隆准、龙颜，左股有七十二黑子。爱人喜施，意豁如也。常有大度，不事家人生产作业。初为泗上亭长，单父人吕公，好相人，见季状貌，奇之，以女妻之。

——《资治通鉴·秦纪二》

项王谓汉王曰："天下匈匈数岁者，徒以吾两人耳。愿与汉王挑战，决雌雄，毋徒苦天下之民父子为也！"汉王笑谢曰："吾宁斗智，不能斗力！"项王三令壮士出挑战，汉有善骑射者楼烦辄射杀之。项王大怒，乃自被甲持戟挑战。楼烦欲射之，项王瞋目叱之，楼烦目不敢视，手不敢发，遂走还入壁，不敢复出。汉王使人间问之，乃项王也，汉王大惊。于是项王乃即汉王，相与临广武间而语。羽欲与汉王独身挑战。

——《资治通鉴·汉纪二》

十二月，项王至垓下，兵少，食尽，与汉战不胜，入壁；汉军及诸侯兵围之数重。……

项王乃复引兵而东，至东城，乃有二十八骑；汉骑追者数千人。项王自度不得脱，谓其骑曰："吾起兵至今，八岁矣；身七十馀战，未尝败北，遂霸有天下。然今卒困于此，此天之亡我，非战之罪也！今日固决死，愿为诸君快战，必溃围，斩将，刈旗，三胜之，令诸君知天亡我，非战之罪也。"乃分其骑以为四队，四乡。……项王乃驰，复斩汉一都尉，杀数十百人；复聚其骑，亡其两骑耳。乃谓其骑曰："何如？"骑皆伏曰："如大王言！"

于是项王欲东渡乌江，乌江亭长檥船待，谓项王曰："江东虽小，地方千里，众数十万人，亦足王也。愿大王急渡！今独臣有船，汉军至，无以渡。"项王笑曰："天之亡我，我何渡为！

且籍与江东子弟八千人渡江而西，今无一人还；纵江东父兄怜而王我，我何面目见之！纵彼不言，籍独不愧于心乎！”乃以所乘骓马赐亭长，令骑皆下马步行，持短兵接战。独籍所杀汉军数百人，身亦被十馀创。顾见汉骑司马吕马童，曰：“若非吾故人乎？”马童面之，指示中郎骑王翳曰：“此项王也。”项王乃曰：“吾闻汉购我头千金，邑万户；吾为若德。”乃自刎而死。……

太史公曰：羽起陇亩之中，三年，遂将五诸侯灭秦，分裂天下而封王侯，政由羽出；位虽不终，近古以来未尝有也！及羽背关怀楚，放逐义帝而自立；怨王侯叛己，难矣！自矜功伐，奋其私智而不师古，谓霸王之业，欲以力征经营天下。五年，卒亡其国，身死东城；尚不觉悟而不自责，乃引“天亡我，非用兵之罪也”，岂不谬哉！

扬子《法言》：或问：“楚败垓下，方死，曰‘天也！’谅乎？”曰：“汉屈群策，群策屈群力；楚憞群策而自屈其力。屈人者克，自屈者负；天曷故焉！”

——《资治通鉴·汉纪三》

司马光在《资治通鉴》中给我们详细描述了刘邦和项羽荥阳广武对峙、垓下东城突围两个事件，突出说明了领导与执行、领导力与执行力的重要区别。公元前 203 年，项羽与刘邦在荥阳广武对峙（今河南省荥阳市广武镇）。项羽单打独斗能力超群，试图与刘邦一决雌雄，通过两人决斗结束旷日持久的楚汉之争。刘邦的回答是“斗智不斗力”。公元前 202 年，项羽在垓下被围，败走东城，仍想通过个人快战显示他的超强作战能力，说明不是他打仗不行，最终失败是“天之亡我，非战之罪”，是天意。他本人没有最终从所谓天意迷局中恢复过来，至终也没有琢磨清楚统帅与将军、领导与执行的区别。司马迁与扬雄对项羽的评价已很说明问题，一是智与力之别，二是屈人与自屈之别。那么，究竟该如何领导，如何执行，如何恢复？

1. 领导力

首先可以说，领导是创设远景、统领驾驭、应对事变、激励转变的过程，即创谋、统群、改变、应变。简言之三个字：谋、统、变。

所谓领（領），篆文 = （令，发号指挥）+ （頁，头部），表示下令指挥的军队首脑。或籀文 = （令，发号指挥）+ （众，人群、部队），表示指挥人群、部队。造字本义是发号施令的头脑，即指挥首脑。隶书楷书 将篆文字形 写成 ， 写成 。简体汉字 将 写成 。《说文解字 · 页部》："领（領），项也。从页，令声。" ①

所谓导（導），本字是"道"。道，金文 = （行，四通的大路）+ （首，借代人体）+ （又，抓持），表示在路口拉人引路。有金文 将"首" 简化成"眉" 。篆文 = （辵，行进）+ （首，头）+ （寸，抓持），强调带路行进。造字本义是在十字路口抓住对方手引路。隶书 将篆文字形 写成 。《说文解字 · 寸部》："导（導），引也，从寸，道声。" ②

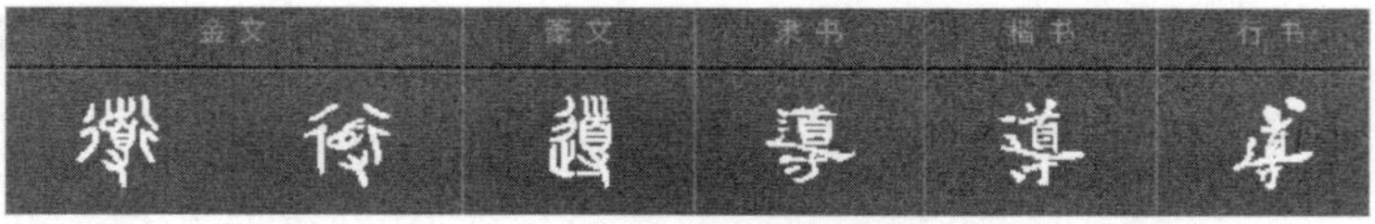

所以领导，更多的是统一指挥、带领前进的方向性工作。

①〔汉〕许慎：《说文解字》，第 179 页。
②〔汉〕许慎：《说文解字》，第 61 页。

具体说，一是领导重在通盘筹划国策与发展之道，即《荀子》所言国错之事："彼国错者，非封焉之谓也，何法之道，谁子之与也。"[①]二是领导重在善群而不独为，重在用人，以众智谋，以众勇胜。即《荀子》言："持国者必不可以独也。"[②]而是"善群""能群"。所谓"能群"，即"善生养人者也，善班治人者也，善显设人者也，善藩饰人者也"。[③]进一步说，重在通过"管分之枢要"而"明分使群"。[④]在善于公平有效分配基础上、凝聚集体力量发挥合力作用，通过知人、取人、用人，"以官人为能"，[⑤]"以盛智谋，以盛勇战"。[⑥]三是领导要特别善于应变、改变不良局面，能够转败为胜，即《荀子》言："知虑足以应待万变。"[⑦]《周易》言："知进退存亡而不失其正。"[⑧]就是说，领导职能，重点不是专注于平时，而是非常之时、例外之事。

领导对人，"取人有道""用人有法"。"取人之道，参之以礼；用人之法，禁之以等。行义动静，度之以礼；知虑取舍，稽之以成；日月积久，校之以功。"[⑨]一切以道理、规章制度、礼仪规范、实际结果效果为据，不以个人为转移。

领导处事，"好要不好详"，不"争小察而綦偏能"。[⑩]重在"视乎不可见，听乎不可闻，为乎不可成"，[⑪]通过找寻关键根本，谋长远大局，多关注例外情况问题，达到激励改变转变和可持续发展目标。

---

①《荀子·王霸》，第 167 页。
②《荀子·王霸》，第 169 页。
③《荀子·君道》，第 197 页。
④《荀子·富国》，第 142、138 页。
⑤《荀子·王霸》，第 172 页。
⑥《商君书·靳令第十三》，第 101 页。
⑦《荀子·君道》，第 205 页。
⑧《周易·乾卦》，第 18 页。
⑨《荀子·君道》，第 201 页。
⑩《荀子·君道》，第 207 页。
⑪《荀子·君道》，第 208 页。

领导策略是宽和、守信、公平、自律、爱人、利人，即如《荀子》言："和调累解，速乎疾急；忠信均辨，说乎庆赏矣；先修正其在我者，然后徐责其在人者，威乎刑罚。"[①]亦如管子言："凡牧民者，必知其疾，而忧之以德，勿惧以罪，勿止以力。"[②]

由此，领导者要"隆礼至法""尚贤使能""纂论公察""赏克罚偷""兼听齐明"。[③]可以说，领导者是，三分带头干，七分靠旁观；三分在一线，七分在后站；三分看眼前，七分靠远见；三分有激情，七分靠冷静；三分靠继承，七分去改变。当然，这需要根据事实变化加以调整。

由此，领导力也绝不是一人之力，而是让大家跟随相继、一起办事的能力，是以众力为力，以众心为心；是集众智、合众力、扬众勇、顺众意。汉高祖刘邦的成功已充分说明这一点。

帝置酒洛阳南宫，上曰："彻侯、诸将毋敢隐朕，皆言其情：吾所以有天下者何？项氏之所以失天下者何？"高起、王陵对曰："陛下使人攻城略地，因以与之，与天下同其利；项羽不然，有功者害之，贤者疑之，此其所以失天下也。"上曰："公知其一，未知其二。夫运筹帷幄之中，决胜千里之外，吾不如子房；填国家，抚百姓，给饷馈，不绝粮道，吾不如萧何；连百万之众，战必胜，攻必取，吾不如韩信。三者皆人杰，吾能用之，此吾所以取天下者也。项羽有一范增而不能用，此所以为我禽也。"群臣说服。

——《资治通鉴·汉纪三》

---

①《荀子·富国》，第 152 页。
②《管子·小问》，第 285-286 页。
③《荀子·君道》，第 199 页。

初，高祖不修文学，而性明达，好谋，能听，自监门、戍卒，见之如旧。初顺民心作三章之约。天下既定，命萧何次律、令，韩信申军法，张苍定章程，叔孙通制礼仪；又与功臣剖符作誓，丹书、铁契，金匮、石室，藏之宗庙。虽日不暇给，规摹弘远矣。

——《资治通鉴·汉纪四》

2. 执行力

执行力则是领导力的另一面，是领导力的变现力、支撑力与配合力。因此执行工作要中事中说。何谓中事中说？《荀子》解释道："言必当理，事必当务"，[①]"凡事行，有益于理者立之，无益于理者废之，夫是之谓中事。凡知说，有益于理者为之，无益于理者舍之，夫是之谓中说。"[②]中事，要求行动合理，有理性思考为据，选择当务之急。中说，要求表达合理，不随感情波动，选择平心善言能团结人者。

执行工作与领导工作的重要区别是，领导工作重在全局效果，不插手具体事务；执行工作注重具体职能效率，不关注职外事务。诚如《管子》言，前者"修官上之道，而不言其中"，后者"比官中之事，而不言其外"。[③]

所谓执（執），甲骨文  = （拷手的枷锁）+ （伸出双手的人），表示一个人双手被锁在木枷里。金文  将甲骨文字形木枷"幸"  写成 。篆文  将金文字形  写成 ，将伸出双手的人  写成"丮" 。造字本义是用木枷锁住嫌犯双手，逮捕拘押。隶书楷书 執 将篆文字形  写成 幸，将篆文字形  写成 丸。简体楷书 执，将 幸 简化成 扌。《说

①《荀子·儒效》，第 95 页。
②《荀子·儒效》，第 96 页。
③《管子·君臣》，第 176 页。

文解字·幸部》:“执(執),捕罪人也,从丮,从幸,幸亦声。”[①]

所谓行,前已有论述。所以执行,主要是按照被规定好的要求、路线行事,做出规定行为动作。

对执行者来说,执行力有如《荀子》讲持位安身、任事立命的能力。持位安身,要“贵而不为夸;信而不处嫌;任重而不敢专;财利至则善而不及也,必将尽辞让之义然后受;福事至则和而理,祸事至则静而理,富则施广,贫则用节,可贵可贱也,可富可贫也,可杀而不可使为奸也”。[②]简言之,应当谦虚守信、谨遵制度、保持平常心,不可凭地位变化和关系远近破坏制度规矩。任事立命,则“莫若好同之,援贤博施,除怨而无妨害人。能耐任之,则慎行此道也。能而不耐任,且恐失宠,则莫若早同之,推贤让能,而安随其后”。[③]简言之,应达到同心协力状态,心不能同、力不能齐,则推贤让能而安随之。

执行者还要处理好与领导者之间忠顺谄篡、谏争辅拂的关系。总体说,执行者对领导者应是“有谏而无讪,有亡而无疾,有怨而无怒”。[④]反过来,领导者更要做到言行一致,因为“人主之患,不在乎不言用贤,而在乎诚必用贤。夫言用贤者口也,却贤者行也,口行相反而欲贤者之至,不肖者之退也,不亦难乎!”[⑤]应以礼法、公平公正制度真诚相待。

---

①〔汉〕许慎:《说文解字》,第 214 页。
②《荀子·仲尼》,第 86 页。
③《荀子·仲尼》,第 87 页。
④《荀子·大略》,第 441 页。
⑤《荀子·致士》,第 223 页。

从命而利君谓之顺，从命而不利君谓之谄；逆命而利君谓之忠，逆命而不利君谓之篡；不恤君之荣辱，不恤国之臧否，偷合苟容，以持禄养交而已耳，谓之国贼。君有过谋过事，将危国家、殒社稷之惧也，大臣父兄有能进言于君，用则可，不用则去，谓之谏；有能进言于君，用则可，不用则死，谓之争；有能比知同力，率群臣百吏而相与强君挢君，君虽不安，不能不听，遂以解国之大患，除国之大害，成于尊君安国，谓之辅；有能抗君之命，窃君之重，反君之事，以安国之危，除君之辱，功伐足以成国之大利，谓之拂。故谏、争、辅、拂之人，社稷之臣也，国君之宝也，明君所尊厚也，而暗主惑君以为己贼也。故明君之所赏，暗君之所罚也；暗君之所赏，明君之所杀也。伊尹、箕子可谓谏矣，比干、子胥可谓争矣，平原君之于赵可谓辅矣，信陵君之于魏可谓拂矣。传曰："从道不从君。"此之谓也。

故正义之臣设，则朝廷不颇；谏争辅拂之人信，则君过不远；爪牙之士施，则仇雠不作；边境之臣处，则疆垂不丧。故明主好同而暗主好独，明主尚贤使能而飨其盛，暗主妒贤畏能而灭其功。

——《荀子·臣道》

按《荀子》之言，与领导者构建合理完整的治理体系，执行者应当摆正角色定位。通过各种方式，与领导者形成良好的合作治理关系。从汉武帝时大臣汲黯与公孙弘的争执，可以看出执行者的不同执行方式对良好合作治理体系构建的重要影响，甚至影响到领导者、执行者乃至广大社会公众的各自命运。汲黯被认为是性倨少礼、喜欢当面折人批评、不善宽容，在与汉武帝相处中关系不睦，以致最后被远派淮阳太守，终卒任上。公孙弘则被认为善于揣度上意、宽而能容、辩而有礼、策而有法，有雅儒风范，与汉武帝相处融洽，是汉武帝执政以来第一个获得封侯的丞相。两人都是一时名臣，都极富能力，但执行方式或辅治参政方式却完全不同。或许，以汲黯之贤，如有更合适的谏辅方式，本可以发挥更大治理作用。

东海太守濮阳汲黯为主爵都尉。始，黯为谒者，以严见惮。……其在东海，治官理民，好清静，择丞、史任之，责大指而已，不苛小。黯多病，卧闺阁内不出。岁馀，东海大治，称之。上闻，召为主爵都尉，列于九卿。其治务在无为，引大体，不拘文法。黯为人，性倨少礼，面折，不能容人之过。时天子方招文学儒者，上曰："吾欲云云。"黯对曰："陛下内多欲而外施仁义，奈何欲效唐、虞之治乎！"上默然，怒，变色而罢朝，公卿皆为黯惧。上退，谓左右曰："甚矣汲黯之戆也！"群臣或数黯，黯曰："天子置公卿辅弼之臣，宁令从谀承意，陷主于不义乎？且已在其位，纵爱身，奈辱朝廷何！"黯多病，病且满三月；上常赐告者数，终不愈。最后病，庄助为请告。上曰："汲黯何如人哉？"助曰："使黯任职居官，无以逾人；然至其辅少主，守城深坚，招之不来，麾之不去，虽自谓贲、育，亦不能夺之矣。"上曰："然，古有社稷之臣，至如黯，近之矣。"

——《资治通鉴·汉纪九》

弘每朝会，开陈其端，使人主自择，不肯面折廷争。于是上察其行慎厚，辩论有馀，习文法吏事，缘饰以儒术，大说之，一岁中迁至左内史。弘奏事，有不可，不廷辨。常与汲黯请间，黯先发之，弘推其后，天子常说，所言皆听，以此日益亲贵。弘尝与公卿约议，至上前，皆倍其约以顺上旨。汲黯廷诘弘曰："齐人多诈而无情实。始与臣等建此议，今皆倍之，不忠！"上问弘。弘谢曰："夫知臣者，以臣为忠；不知臣者，以臣为不忠。"上然弘言。左右幸臣每毁弘，上益厚遇之。

——《资治通鉴·汉纪十》

3. 恢复力

恢复力，是重新复原、继续事物的能力。既然是复原、继续，肯定是在遭受各种原因的中断之后。因此，治理中的恢复力也是挫折忍受力，是烦苦情绪的清除力、删除力，是以往过程、结果、问题的反思力、改正力，是事物、力量、意志的再生能力。对治理者而言，就要善于不断反思改正；拿得起，放得下；赢得起也输得起；要创造机会、从头再来。刘邦个人素质与项羽相比可能不高，甚至在很多人看来不讲礼仪礼貌，考虑问题也往往非常简单甚至带有强烈个人喜好，但刘邦能不断从别人建议中迅速反思问题、改正过失、弥补缺陷。刘邦与项羽的直接争战，几乎未曾赢过，但始终没有放弃，直到垓下之战，却是始终胜利的项羽一败而弃。

由于治理工作的复杂性、艰巨性，不论对领导者还是执行者来说，都是困难与成功常伴，矛盾与顺利相随，挑战与机遇并存，没有顽强与坚持无法成就事业。因此说到底，领导力、执行力、恢复力，都是强大毅力的具体体现。

所谓恢，篆文恢=心（心，志气）+灰（灰，撩拨使复燃），造字本义可视为比喻激励已然丧失的斗志，使能重振旗鼓。隶书恢将篆文字形"心"心写成忄，将灰写成灰。楷书恢将隶书字形忄写成忄。《说文解字·心部》："恢，大也，从心，灰声。"[①]

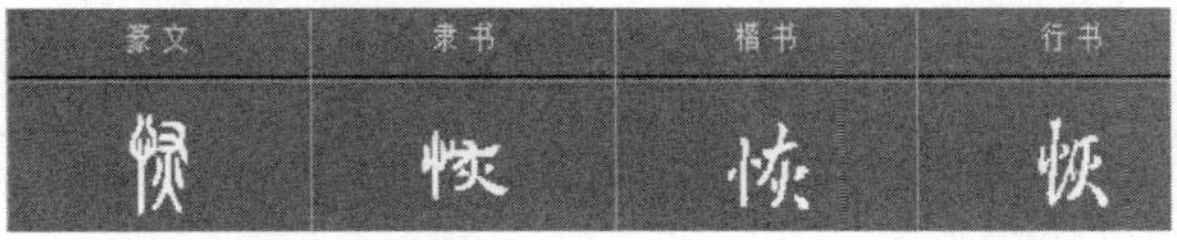

①〔汉〕许慎：《说文解字》，第 217 页。

所谓复，甲骨文 = (郭，像城邑两头各有出口)+ (倒写“止”，行走)，表示往返城门。金文 加 彳(行)，加强“往返”之义。篆文 基本承续金文字形。造字本义是出城门后返回。隶书楷书 復 将篆文字形 写成 彳，将 写成 复。简体汉字 复，省略 彳。《说文解字·彳部》：“复（復），往来也，从彳，复声。”①

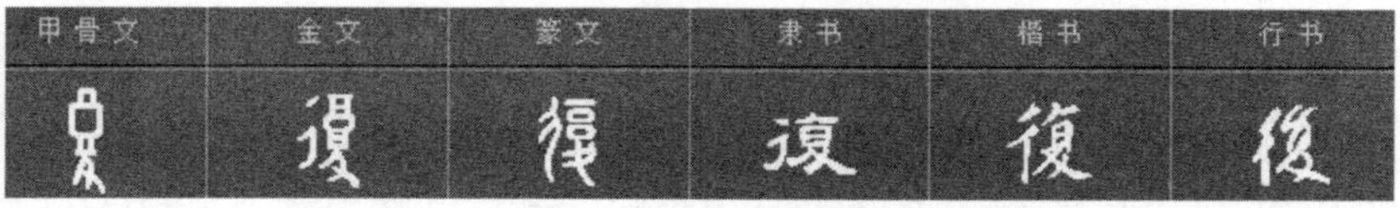

所以恢复，就是要重振斗志，回到以前良好状态，甚至在以前基础上实现更高目标。这当然需要强大毅力。

最后以苏轼《晁错论》和梁启超《论毅力》两段短文做个结尾，或可理解治理事务的艰巨性，更能理解毅力之不可缺矣。

> 古之立大事者，不惟有超世之才，亦必有坚忍不拔之志。昔禹之治水，凿龙门，决大河而放之海。方其功之未成也，盖亦有溃冒冲突可畏之患；惟能前知其当然，事至不惧，而徐为之图，是以得至于成功。
>
> ——苏轼《晁错论》

> 人不可无希望，然希望常与失望相倚。至于失望，而心盖死矣。养其希望勿使失者，厥惟毅力。故志不足恃，气不足恃，才不足恃，惟毅力为足恃。
>
> ——梁启超《论毅力》

①〔汉〕许慎：《说文解字》，第 37 页。

题 四

基于环境—财富—生命形态变换的境界治理

天行有常，不为尧存，不为桀亡。应之以治则吉，应之以乱则凶。强本而节用，则天不能贫；养备而动时，则天不能病；修道而不贰，则天不能祸。故水旱不能使之饥渴，寒暑不能使之疾，袄怪不能使之凶。本荒而用侈，则天不能使之富；养略而动罕，则天不能使之全；倍道而妄行，则天不能使之吉。故水旱未至而饥，寒暑未薄而疾，袄怪未至而凶。受时与治世同，而殃祸与治世异，不可以怨天，其道然也。故明于天人之分，则可谓至人矣。不为而成，不求而得，夫是之谓天职。如是者，虽深，其人不加虑焉；虽大，不加能焉；虽精，不加察焉。夫是之谓不与天争职。天有其时，地有其财，人有其治，夫是之谓能参。舍其所以参而愿其所参，则惑矣。列星随旋，日月递炤，四时代御，阴阳大化，风雨博施，万物各得其和以生，各得其养以成。……楚王后车千乘，非知也；君子啜菽饮水，非愚也。是节然也。若夫心意修，德行厚，知虑明，生于今而志乎古，则是其在我者也。故君子敬其在己者，而不慕其在天者；小人错其在己者，而慕其在天者。君子敬其在己者而不慕其在天者，是以日进也；小人错其在己者而慕其在天者，是以日退也。故君子之所以日进与小人之所以日退，一也。君子小人之所以相县者在此耳。

——《荀子·天论》

《荀子》的一段论述，并没有被作为“生之本”的天地束缚，而是把人类命运寄托在人类自己身上。不仅看到“天人合一”——人与自然的统一性，更明于“天人之分”，阐释人在人与自然关系中的应有能力作用。就人与万物比较，“水火有气而无生，草木有生而无知，禽兽有知而无义，人有气、有生、有知，亦且有义，故最为天下贵也”。[①]但人的发展层次状态亦有不同，简言之，是君子、小人之不同；扩大言之，是文明、蒙昧之别，进步、落后之别。总之，是境界高低不同。不同的人类发展境界，会反作用于天地人，即自然环境—经济财富—生命形态系统，造成不同结果、后果，最终作用于人本身。由此，塑造何种境界，或者说境界的治理相当重要。

一、周行唯道：环境—财富—生命变换的自然法则

中国传统智慧认为世界本源是道——自然变化之道，表现是两方面对立变化统一、相互作用联系“混成”之物——包括显见物质与不可见意识、肉体与精神等两大方面。如《周易》言：“一阴一阳之谓道。”[②]其存在方式是“周行不殆”——循环运动，特点是“独

①《荀子·王制》，第127页。
②《周易·系辞上传》，第340页。

立不改”——运动总量不变。如老子言：“有物混成，先天地生，寂兮寥兮，独立而不改，周行而不殆，吾不知其名，字之曰道，强为之名曰大。大曰逝，逝曰远，远曰反。”[①]又言：“道生一，一生二，二生三，三生万物。万物负阴而抱阳，冲气以为和。”[②]还言：“道生之，德畜之，物形之，势成之。”[③]老子《道德经》81 章，言道 75 次；孔子《论语》20 篇，言道 89 次；《鬼谷子》17 篇（亡佚 2 篇），言道 52 次。这些道，从起点或终点来说，是整体性的根本规则——理念性、承诺性规则法则，亦即规律、原理、道理、思想；从不同领域过程来说，是主干性的基本规则——指导性、规范性规则法则，亦即纲纪、原则、要求、指南；从枝节末端来说，是具体位置的行动规则——指令性、操作性规则法则，亦即条令、办法、程序、标准。所有事物起于初始、归于最终，就是“自然如此般”的规则、法则。其周行不殆的循环运动，总是“混成物”两个方面间相互联系制约、矛盾作用，一个方面对另一方面的相互牵制、转换——相因相成、相反相生。

不论天道、地道、人道，也恰是混成之道的体现与辩证循环运动，恰是自然环境—经济财富—生命形态间的辩证循环运动。环境、财富、生命三者间，相互联系制约、相互变换转化，即相因相成、也相反相生。三者本是一个完整的整体，不管其部分如何变化，这个自然的整体始终是它自身。我们所不断探索和呈现的，是“原来如此”的自然之道。

17 世纪西方哲学家笛卡尔首先提出宇宙运动总量永远一样，焦尔 200 年后提出能量守恒定律，马克思提出人与自然之间的物质变换，恩格斯提出自然辩证法，在某种程度上，也都可以认为是“周

①《道德经》，第 56 页。
②《道德经》，第 94 页。
③《道德经》，第 111 页。

行不殆”“独立不改”之道的实证显化。

不论何种生命，正是自然环境不断变化为自身的过程。人的生成过程，也正是自然环境不断变化为人的过程。反过来说，自然环境的生成过程，也正是包括人在内的各种有机生命、无机非生命不断变化为自然环境的过程。这其中，随着人类生命能力越来越强，对自然环境的影响力也越来越大。从主观认知角度上讲，人把自身视为自然的中心和出发点。但对自然而言，基于“周行不殆”“独立不改”的自然之道判断，它始终是它自己。由此言之，在不断变化甚至对人类而言不断恶化的自然环境问题面前，人应当忧虑的不是自然环境的命运，而是人类自己的命运，是人类自己行为本身问题。地球永远是地球，自然永远是自然，但人或已非当前人本身。西方学界提出，环境影响=人口×财富×技术，认为第三世界的环境问题是人口问题，人口太多；发达国家的环境问题是财富问题，财富过多或富裕生活给环境造成压力；中间国家的环境问题是技术问题，技术不先进造成环境问题。但除去人的因素本身，还必须考虑自然本身运动这一不变之则。仅是自然运动本身亦足以造成不可估量、难以抵制的环境问题。不过，不同的人类因素或文明发展状态可以减缓、减轻自然运动本身带来的环境问题与痛苦。

人是整个自然界的结果，并通过劳动与自然不断进行物质变换。《周易》云：“有天地，然后万物生焉”，[①]“水火不相逮，雷风不相悖，山泽通气，然后能变化，既成万物也”。[②]《管子》云：“凡人之生也，天出其精，地出其形，合此以为人。和乃生，不和不生。”[③]《荀子》也云：“天地者，生之本也。”[④]这些论述虽然很早，但也同样是

①《周易·序卦传》，第 420 页。
②《周易·说卦传》，第 402 页。
③《管子·内业》，第 278 页。
④《荀子·礼论》，第 303 页。

现代不断证实的自然科学结论的思想。我们需要的，是对这些思想的现代化证明、分析、再现。费尔巴哈、马克思、恩格斯等经典作家也在著作中多次表明，"生命是整个自然界的一个结果，这和下面这一情况一点也不矛盾：蛋白质，作为生命的唯一的独立的载体，是在自然界的全部联系所提供的特定的条件下产生的，然而是作为某种化学过程的产物而产生的"，[①]"整个所谓世界历史不外是人通过人的劳动而诞生的过程，是自然界对人来说的生成过程……人对人来说作为自然界的存在以及自然界对人来说作为人的存在，已经成为实际的、可以通过感觉直观的"。[②]总之，人是自身的自然和周围的自然的整个自然的一个结果。人通过劳动，不断与周围自然进行物质变换。马克思说："劳动作为使用价值的创造者，作为有用劳动，是不以一切社会形式为转移的人类生存条件，是人和自然之间的物质变换即人类生活得以实现的永恒的自然必然性。"[③]也正是《管子》"今日不为，明日亡货"所表达的。[④]人与自然"和乃生，不和不生"，[⑤]这种"不和"的极端结果，也正是马克思所说人与自然之间物质变换的断裂。

二、中国的国富论：人类财富的来源、配置与竞争

人靠自然界生活，但自原始社会以来，人并非简单、直接以天然产品资料生活。人要通过一定的劳动过程、加工过程，把自然环境资源转变成适宜人类生存的社会性的产品资料。从人性的自然原

①《马克思恩格斯选集》第 3 卷，第 897-898 页。

②《马克思恩格斯文集》第 1 卷，北京：人民出版社，2009 年，第 196 页。

③《马克思恩格斯文集》第 5 卷，北京：人民出版社，2009 年，第 56 页。

④《管子·乘马》，第 57 页。

⑤《管子·内业》，第 278 页。

始本性和社会文明走向两个方面来说，自然原始本性更为简单，只需要简单必要劳动、必要产品，维持必要生存就可能实现。但社会文明走向更为复杂，却需要复杂剩余劳动、剩余产品，追求舒适发展和更多财富积累才能实现。简单必要劳动把自然变成人，但仅是直立行走的人形之物、物化之人。只有复杂剩余劳动才以社会文明的方式把人化有人性之灵。财富，也正是以人性之灵、社会文明意识、复杂剩余劳动角度认知思考的范畴，就现代来说，是环境不断经济化的状态转换过程。对此，司马迁在《史记·货殖列传》已经给出最好说明。

> 夫山西饶材、竹、榖、纑、旄、玉石；山东多鱼、盐、漆、丝、声色；江南出枏、梓、姜、桂、金、锡、连、丹沙、犀、玳瑁、珠玑、齿革。龙门、碣石北多马、牛、羊、旃裘、筋角；铜、铁则千里往往山出棋置，此其大较也。皆中国人民所喜好，谣俗被服饮食奉生送死之具也。故待农而食之，虞而出之，工而成之，商而通之。此宁有政教发征期会哉？人各任其能，竭其力，以得其所欲。故物贱之征贵，贵之征贱，各劝其业，乐其事，若水之趋下，日夜无休时，不召而自来，不求而民出之。岂非道之所符，而自然之验邪？
>
> ——《史记·货殖列传第六十九》

财者，篆文財=貝（貝，宝物、金钱）+才（才，有用之物），表示宝物、金钱等重要有用之物，造字本义是金钱等有价值的重要物品。隶书楷书財将篆文字形貝写成貝，才写成才。简体汉字财将貝简化成贝。《说文解字·贝部》："财（財），人所宝也，从贝，才声。"[①]

①〔汉〕许慎：《说文解字》，第126页。

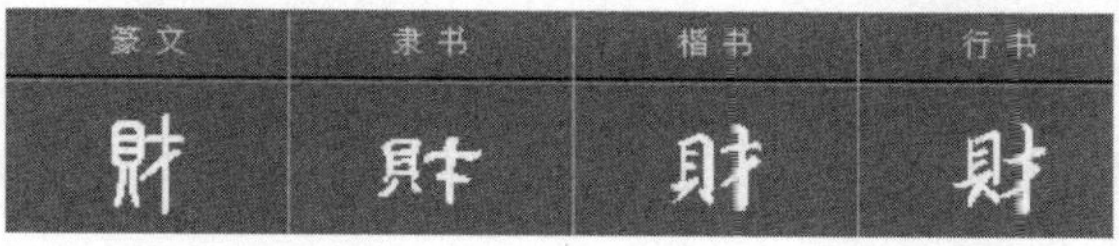

富者，金文 =（宀，房屋）+（酉，酒坛）。古时粮食匮乏酒品稀有，家中有酒是生活宽裕的标志。篆文 将金文字形酒坛形状 写成 。造字本义是家境宽裕，有余粮酿酒。隶书楷书 将篆文字形 写成 。《说文解字·宀部》："富，备也，一曰厚也，从宀，畐声。"①

人重视珍惜有用之物，不断积累，有所宽余，皆可为财富。而以人能力言之，稀者即为贵重。自然环境资源不论是本身量少而贵重，品质特性而贵重，还是只有通过特定生产、交换形式才能得到而贵重等，都可以成为财富。扩展说，人作为自然的一部分，亦可因同样道理成为财富。这样的财富观，已远远超越现代财富最显化的金钱形式，而且金钱形式本身也只是表明财富的特定获得方式——货币交换形式及所有形式的重要性而已。马克思说："抛掉狭隘的资产阶级形式……财富不就是在普遍交换中产生的个人的需要、才能、享用、生产力等的普遍性吗？财富不就是人对自然力——既是通常所谓的'自然'力，又是人本身的自然力——的统治的充分发展吗？财富不就是人的创造天赋的绝对发挥吗？……即不以旧有的尺度来衡量的人类全部力量的全面发展成为目的本身……不是在某一种规定性上再生产自己，而是生产出他的全面性；不是力求停

①〔汉〕许慎：《说文解字》，第 147 页。

留在某种已经变成的东西上，而是处在变易的绝对运动之中。”[①]财富的概念和意识不是单一、固定的，而是“随着人们的生活条件、人们的社会关系、人们的社会存在的改变而改变”。[②]随着人类生存技术的发展，现实生产和财富的宏大基石已经“既不是人本身完成的直接劳动，也不是人从事劳动的时间，而是对人本身的一般生产力的占有，是人对自然界的了解和通过人作为社会体的存在来对自然界的统治”，[③]而且“一旦直接形式的劳动不再是财富的巨大源泉，劳动时间就不再是，而且必然不再是财富的尺度，因而交换价值也不再是使用价值的尺度”。[④]

那么，财富到底来自哪里？中国传统智慧中，《管子》有“地之生财有时，民之用力有倦”之说，[⑤]《荀子》则说：“土之与人也，道之与法也者，国家之本作也。”[⑥]还说：“用国者，得百姓之力者富。”[⑦]古代先贤无非是用最简单明了的思想告诉我们，土地与人力是财富的源头。英国经济学家威廉·配第说：“土地为财富之母，而劳动则为财富之父和能动的要素。”[⑧]马克思则以土地代表自然，说：“自然界同劳动一样也是使用价值（而物质财富就是由使用价值构成的）的源泉，劳动本身不过是一种自然力即人的劳动力的表现。”[⑨]简言之，土地代表的自然环境与人力代表的生产劳动——也即生命活动是财富的源头，并且相对于劳动、生命活动，自然界是财富的第

①《马克思恩格斯文集》第8卷，北京：人民出版社，2009年，第137页。
②《马克思恩格斯文集》第2卷，第50-51页。
③《马克思恩格斯文集》第8卷，第196页。
④《马克思恩格斯文集》第8卷，第196-197页。
⑤《管子·权修》，第26页。
⑥《荀子·致士》，第221页。
⑦《荀子·王霸》，第184页。
⑧〔汉〕威廉·配第：《赋税论、献给英明人士、货币略论》，陈冬野译，北京：商务印书馆，1978年，第66页。
⑨《马克思恩格斯文集》第3卷，北京：人民出版社，2009年，第428页。

一源泉。实际上，就是基于人口劳动、生命活动过程实现自然环境的经济化。

究其本义，自然之“自”，是“鼻”的本字，甲骨文像人的鼻子，有鼻梁、鼻翼。有的甲骨文突出鼻骨与鼻弯。金文突出两侧鼻翼，亦有金文将两侧鼻翼连写成封闭。造字本义是鼻子，位于脸部中央的呼吸器官。篆文承续金文字形，隶书进一步失去鼻形。在向他人表达“我”的时候，人们习惯于手指本人脸部（头部正面）中央位置，即鼻部位置，于是“自”（即鼻子）渐成第一人称。《说文解字·目部》：“自，鼻也，象鼻形，凡自之属皆从自。”[1]

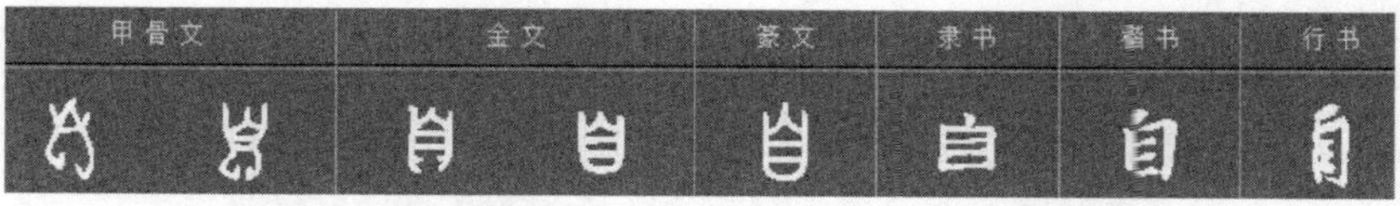

自然之“然”，金文=（月，兽肉）+（犬，代表狩猎之物）+（火，烧烤），表示烧烤猎物。有金文将“火”写成。造字本义是将猎获动物烤熟吃。远古时代，烤食是生存能力一大突破性进步，故“然”进一步说明“合理、正确、原来如此”。篆文承续金文字形。隶化后楷书将篆文字形写成，将篆文字形写成“四点底”。《说文解字·火部》：“然，烧也。从火，肰声。”[2]

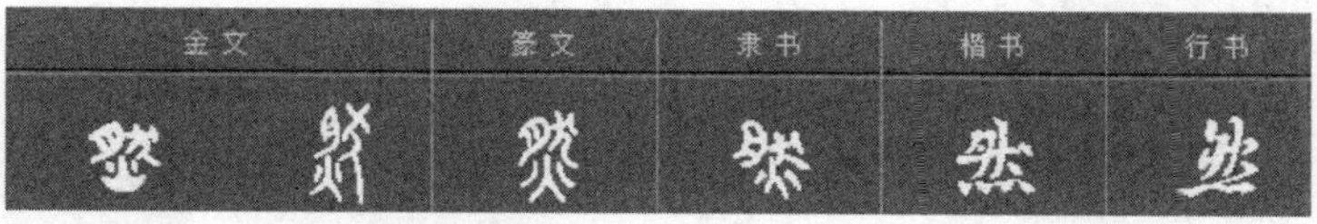

所以自然，是本来如此，只有如此才行得合理、行得通。

环境之“环”（環），金文=（王，玉）+（睘，转着圈看），表示圆形玉圈。有的金文写成两个圈。篆文承续金文字形。

---

[1]〔汉〕许慎：《说文解字》，第 68 页。
[2]〔汉〕许慎：《说文解字》，第 206 页。

造字本义是穿孔、可以转玩的圈状美玉。隶书環将篆文字形写成睘。简体汉字环将睘简化成不。《说文解字·玉部》“环（環），璧也，肉好若一谓之环。从玉，睘声。”①

环境之“境”，篆文 = （土，疆域）+（竟，终点），表示领域之终点。造字本义是土地领域边际、疆界。隶书境将篆文字形写成“立”。《说文解字·土部》：“境，疆也，从土，竟声。经典通用竟。”②

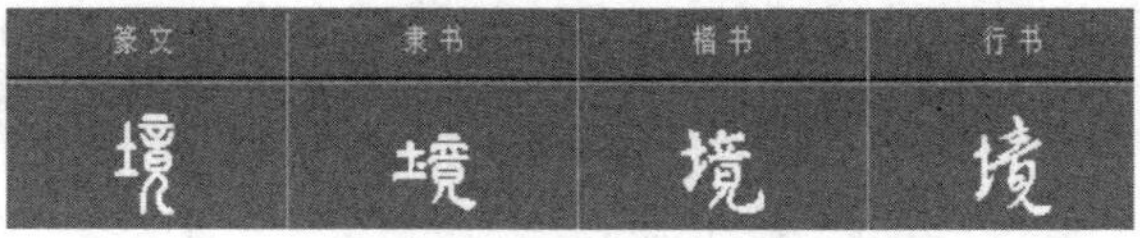

所以环境，重点是周边环绕、一定范围的土地要素。人所需要的自然资源也大多以土地要素为载体，甚至土地就意味着自然。

生命之“生”，甲骨文，草叶（屮）下面加地面指事符号，表示新芽破土而出。有甲骨文用代替地面符号， = （屮，新芽）+（土，地面），表示地面有新芽冒出。金文、篆文承续甲骨文字形。造字本义是草木破土萌发。《说文解字·生部》：“生，进也，象艸木生出土上，凡生之属皆从生。”③

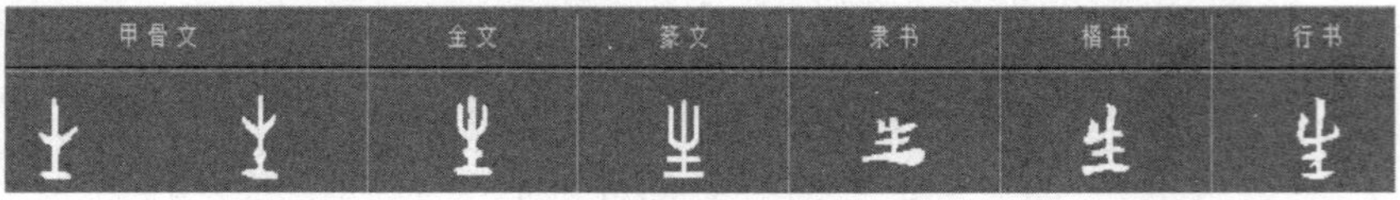

生命之“命”，与“令”同源。令，甲骨文 = （朝下之口）+（人，等候指示的下级），表示上级指示下级。当“令”成为常规名

①〔汉〕许慎：《说文解字》，第5页。
②〔汉〕许慎：《说文解字》，第291页。
③〔汉〕许慎：《说文解字》，第123页。

词后，金文再加另造“命”，代替“令”，强调“开口发令”。篆文承续金文字形。造字本义是上级向下级开口发话，做出权威性指示。隶书将篆文字形“人”写成“卩”。《说文解字·口部》：“命，使也，从口，从令。”[①]

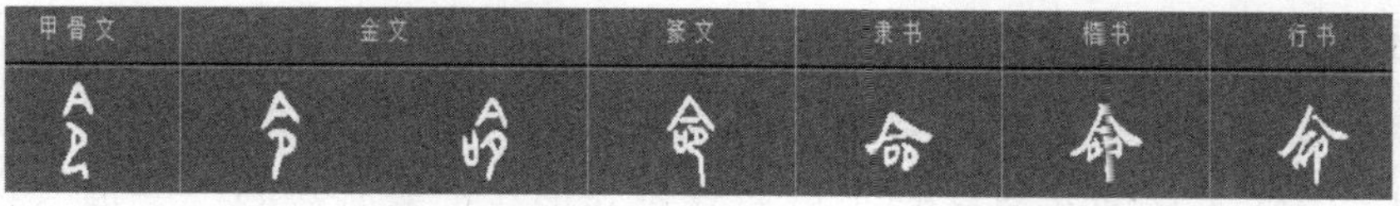

所以生命，是按一定规则运动、生长发展的有生机之物。

总之，自然环境，恰是始终贯穿人之一生、人生本来如此、不可或缺的必然要素，是始终环绕四周、不可避免的生存规则法则，是人类生命活动——生产劳动所获财富的第一本源。马克思把劳动相关的自然条件归结为两类：“人本身的自然”和“人的周围的自然”。[②]因此基于自然条件的人本身自然的生产或人口生产是财富，尤其是社会财富。一方水土一方人，“人们所处的各种自然条件——地质条件、山岳水文地理条件、气候条件以及其他条件”不仅“决定着人们最初的、自然形成的肉体组织，特别是他们之间的种族差别，而且直到如今还决定着肉体组织的整个进一步发展或不发展”。[③]而且自然条件也是“人的生活和人的活动的一部分。人在肉体上只有靠这些自然产品才能生活，不管这些产品是以食物、燃料、衣着的形式还是以住房等的形式表现出来”。[④]其次，人周围的自然的生产则是自然财富、物质财富，是人类生活及其劳动生产率、自然力或自然生产力的自然富源。马克思将这些自然富源划分为“生活资料的自然富源，例如土壤的肥力、鱼产丰富的水域等；劳动资

①〔汉〕许慎：《说文解字》，第 26 页。
②《马克思恩格斯文集》第 5 卷，第 586 页。
③《马克思恩格斯文集》第 1 卷，第 519 页。
④《马克思恩格斯文集》第 1 卷，第 161 页。

料的自然富源，如奔腾的瀑布、可以航行的河流、森林、金属、煤炭等”。[1]最后，自然条件还关涉精神财富创造。多样化的自然条件给人提供精神资料的富源、提供休闲。马克思说：“人和动物相比越有普遍性，人赖以生活的无机界的范围就越广阔。从理论领域来说，植物、动物、石头、空气、光等，一方面作为自然科学的对象，一方面作为艺术的对象，都是人的意识的一部分，是人的精神的无机界，是人必须事先进行加工以便享用和消化的精神食粮。”[2]而不恰当的大工业生产方式对土地持久肥力、渔场、森林、河流、空气、山峦等自然条件的破坏，同时也妨害了人口的身体健康和精神生活，妨碍了物质食粮和精神食粮。

在英国，亚当·斯密写作《国富论》，在威廉·配第劳动创造价值思想基础上，系统把西方重商主义时期货币即财富、商业劳动生产财富，重农主义时期农业劳动生产财富的观点，推进到一般劳动都生产财富观点。由此，西方重视劳动创造价值，并以货币为财富集中表现。

在中国，早就形成中国特色“国富论”，很早就把财富的源头或者说现代所谓劳动价值与自然富源、粮食生产等直接紧密挂钩，并就财富生产、分配及其与国家强盛、国家治理、社会稳定、民心向背的关系等提出一系列主张。尽管也经历很多变化，但总体看，中国国富论很早即以广义土地劳动、狭义农业劳动创造价值、创造财富为核心，将粮食产品作为财富的一个根本和集中体现，以广义土地作业、狭义农业为本为源为总，以其他作业产业为末为流为分。

首先，财富生产，从广义自然资源条件利用，逐步落实到农业生产、粮食积累，认为这是财富根本，在此基础上相应进行农、工、

---

①《马克思恩格斯文集》第 5 卷，第 586 页。
②《马克思恩格斯文集》第 1 卷，第 161 页。

商、虞、士等行业分工。《管子》载："山泽救于火，草木殖成，国之富也。沟渎遂于隘，障水安其藏，国之富也。桑麻殖于野，五谷宜于地，国之富也。六畜育于家，瓜瓠荤菜百果备具，国之富也。工事无刻镂，女事无文章，国之富也。"[①]"民事农则田垦，田垦则粟多，粟多则国富。国富者兵强，兵强者战胜，战胜者地广。是以先王知众民、强兵、广地、富国之必生于粟也，故禁末作，止奇巧，而利农事。"[②]并根据自然条件差异性，提出按不同比例折合计量为可耕地亩数的"地均"主张。[③]《商君书》也把推出"垦草令"作为最基础篇章，多次提出"民毕农，则国富"[④]"民不逃粟，野无荒草，则国富，国富者强"[⑤]"按兵而农，粟爵粟任，则国富"[⑥]"地诚任，不患无财；民诚用，不畏强暴"等观点。[⑦]而财富的集中体现是粮食，"粟也者，民之所归也；粟也者，财之所归也；粟也者，地之所归也。粟多，则天下之物尽至矣"。[⑧]

其次，财富分配，主张俱富、公平、相称、有度。一是谋求俱富。《荀子》云："上下俱富，而百姓皆爱其上，人归之如流水，亲之欢如父母"，[⑨]"下贫则上贫，下富则上富。……潢然使天下必有馀而上不忧不足。如是则上下俱富，交无所藏之，是知国计之极也"。[⑩]甚至可以说，是下富则上富、民富则国富的观点，注意到财富本末源流问题。因此，财富要在分配上多动脑筋，"天下不患无财，患无

①《管子·立政》，第 42 页。
②《管子·治国》，第 263-264 页。
③《管子·乘马》，第 48 页。
④《商君书·靳令第十三》，第 100 页。
⑤《商君书·去强第四》，第 43 页。
⑥《商君书·去强第四》，第 46 页。
⑦《商君书·错法第九》，第 83 页。
⑧《管子·治国》，第 266 页。
⑨《荀子·富国》，第 152 页。
⑩《荀子·富国》，第 156 页。

以分之”。[1]二是财富分配要公平、相称。《荀子》言：“上公正则下易直”，[2]“一物失称，乱之端也”。[3]《商君书》言：“君子操权一正以立术，立官爵以称之，论劳举功以任之。则是上下之称平。上下之称平，则臣得尽其力，而主得专其柄。”[4]《周易》则说：“君子以裒多益寡，称物平施。”[5]三是分配和生产力的使用要有度量界限，才能避免引发暴力争斗。《管子》言：“地之生财有时，民之用力有倦，而人君之欲无穷，以有时与有倦，养无穷之君，而度量不生于其间，则上下相疾也。是以臣有杀其君，子有杀其父者矣。故取于民有度，用之有止，国虽小必安；取于民无度，用之不止，国虽大必危。”[6]这里的分配直接关涉国家安危。

再次，财富积累与消费、计量等，主张分清本末源流，善于积累、善于综合运用货币、市场、统计测量、政令、规范手段。一要善于利用统计测量、科学配置、法律政令、利益手段促进积累。《荀子》提出：“足国之道，节用裕民而善臧其馀。节用以礼，裕民以政。彼裕民，故多馀。裕民则民富，民富则田肥以易，田肥以易则出实百倍。上以法取焉，而下以礼节用之，馀若丘山……故知节用裕民，则必有仁义圣良之名，而且有富厚丘山之积矣。……量地而立国，计利而畜民，度人力而授事，使民必胜事，事必出利，利足以生民，皆使衣食百用出入相掩，必时臧馀，谓之称数。……轻田野之税，平关市之征，省商贾之数，罕兴力役，无夺农时，如是，则国富矣。夫是之谓以政裕民。”[7]二要分清本末源流，在开源节流、固本培元

①《管子·牧民》，第 10 页。
②《荀子·正论》，第 277 页。
③《荀子·正论》，第 283 页。
④《商君书·算地第六》，第 66 页。
⑤《周易·谦卦》，第 94 页。
⑥《管子·权修》，第 26 页。
⑦《荀子·富国》，第 140-141 页。

上重点努力。《荀子》言："田野县鄙者，财之本也；垣窌仓廪者，财之末也。百姓时和、事业得叙者，货之源也；等赋府库者，货之流也。故明主必谨养其和，节其流，开其源……知本末源流之谓也。"[①] 三是为刺激消费推动生产，加强市场工具、货币工具应用。《管子》提出"利然后能通，通然后成国。利静而不化，观其所出，从而移之"[②]"市者，货之准也。……市者可以知治乱，可以知多寡……为之有道"[③]"黄金者，用之量也。辨于黄金之理，则知侈俭。知侈俭，则百用节矣"。[④]甚至提出"兴时化""莫善于侈靡"的主张，认为应利用高水平消费带动各行业发展，"富者靡之，贫者为之，此百姓之怠生。百振而食，非独自为也，为之畜化"。[⑤]四是认识到农业、农民不能单一运作，要促进各行业均衡协调发展。《管子》提出："使农、士、工、商四民交能易作，终岁之利无道相过。"以实现各业均衡收入，增加积累。《荀子》也同样认为墨子之"节用"主张"则使天下贫"，[⑥]"天地之生万物也，固有馀足以食人矣"，[⑦]只要人善治，善于"物畜而制之""制天命而用之""应时而使之""骋能而化之""理物而勿失之""有物之所以成"，[⑧]则"相食养者不可胜数"，[⑨]就不存在资源财富不足的问题。

又次，对作为财富第一源头之自然资源环境的保护，中国传统智慧也有自己一套顺天应人式的保护思想。《荀子》提出："圣王之制也，草木荣华滋硕之时则斧斤不入山林，不夭其生，不绝其长也；

①《荀子·富国》，第 156 页。
②《管子·侈靡》，第 193 页。
③《管子·乘马》，第 45 页。
④《管子·乘马》，第 46 页。
⑤《管子·侈靡》，第 191 页。
⑥《荀子·富国》，第 148 页。
⑦《荀子·富国》，第 147 页。
⑧《荀子·天论》，第 274 页。
⑨《荀子·富国》，第 147 页。

鼋鼍、鱼鳖、鳅鳣孕别之时，罔罟毒药不入泽，不夭其生，不绝其长也；春耕、夏耘、秋收、冬藏四者不失时，故五谷不绝而百姓有馀食也；污池、渊沼、川泽谨其时禁，故鱼鳖优多而百姓有馀用也；斩伐养长不失其时，故山林不童而百姓有馀材也。”[①]已经把资源保护养育和可持续发展紧密结合起来，并根据时间节令和生长规律采取“时禁”措施。

最后，财富的生产、分配、积累、消费、流通、计量等，被认为是国家治理基础。汉成帝时凉州刺史谷永上奏说：“王者以民为基，民以财为本，财竭则下畔，下畔则上亡。是以明王爱养基本，不敢穷极，使民如承大祭。”[②]正是此义。《管子》说得更清楚：“凡治国之道，必先富民。民富则易治，民贫则难治也。……民富则安乡重家……民贫则危乡轻家……故治国常富，而乱国必贫。”[③]又说：“人粟多则国富，国富则安乡重家……粟少则人贫，人贫则轻家，轻家则易去，易去则上令不能必行，上令不能必行则禁不能必止，禁不能必止则战不必胜、守不必固矣。”[④]因此，“富而治，此王之道也”，[⑤]“粟者，王之本事也，人主之大务，有人之途，治国之道也”。[⑥]

总而言之，中国国富论，是一种对环境—财富—生命加以辩证思考的系统论、有机论。在整个有机系统中，人类生命作为主观能动部分，如果能成为《荀子》所言“明于天人之分”的“至人”，明了“强本而节用，则天不能贫；养备而动时，则天不能病；修道而不贰，则天不能祸”之理，[⑦]就可以在更大程度上减缓、避免自然环境运动本身给人带来的问题与痛苦，就可以在更高层次上实现整个

①《荀子·王制》，第 128-129 页。
②〔宋〕司马光编撰：《资治通鉴·汉纪二十三》，第 1210 页。
③《管子·治国》，第 263 页。
④《管子·治国》，第 267 页。
⑤《管子·治国》，第 266 页。
⑥《管子·治国》，第 268 页。
⑦《荀子·天论》，第 265 页。

有机系统的良性循环提升与发展。

正如恩格斯所言，人之所以比其他一切生物强，甚至能够对自然界起支配作用，就在于人“能够认识和正确运用自然规律”，“更正确地理解自然规律，学会认识我们对自然界习常过程的干预所造成的较近或较远的后果”，“从而控制那些至少是由我们的最常见的生产行为所造成的较远的自然后果”。[①]

三、君子理天地：提升治理境界

有什么样的人，就有什么样的治理境界、状态。《管子》说：“天下者，无常乱，无常治。不善人在则乱，善人在则治。”[②]《荀子》提出：“天地生君子，君子理天地。君子者，天地之参也，万物之总也，民之父母也。无君子则天地不理，礼义无统，上无君师，下无父子，夫是之谓至乱。”[③]“君子也者，道法之总要也。”“得之则治，失之则乱；得之则安，失之则危；得之则存，失之则亡。”[④]那么，怎样提升人的境界，让人普遍向善、走向君子？《管子》给出的办法是“凡治国之道，必先富民。……治国常富，而乱国必贫。是以善为国者，必先富民，然后治之”。[⑤]孔子给出的办法是“富之—教之”。[⑥]

子适卫，冉有仆，子曰：“庶矣哉。”

冉有曰：“既庶矣，又何加焉？”曰：“富之。”

---

①《马克思恩格斯选集》第3卷，第998-999页。
②《管子·小称》，第185页。
③《荀子·王制》，第126页。
④《荀子·致士》，第221-222页。
⑤《管子·治国》，第263页。
⑥《论语·子路第十三》，第143页。

曰："既富矣，又何加焉？"曰："教之。"

——《论语·子路第十三》

司马迁在《史记·货殖列传》中给出的说法是"礼生于有而废于无。故君子富，好行其德；小人富，以适其力。渊深而鱼生之，山深而兽往之，人富而仁义附焉。"[①]并以十九年间三致千金而散财的陶朱公范蠡等26个善富人物，说明"富"方能"好行其德"之理。

总结上述观点，其中关键，不仅是物质之富，更有精神之富，是富与君子、财富与道德的交互协同过程；是人从本性之我、走向反思自求之我、走向超然之我的过程；是人从原生态、敬畏生态、顺应生态、支配生态走向合生态的过程；是人从蒙昧、野蛮真正走向文明的过程。总之，正是《荀子》所言人"修道而不贰"的深化和扩展过程。唯有修道，才成君子，反过来才足以理天地。这里的道，正是所要探索明了和坚持遵循的根本规则——道理、规律，基本规则——原则、纲纪，行动规则——标准、程序等三层次规则法则。修道所达境界、所明境界，正是环境—财富—生命形态有机变换所能达到的不同境界。

界者，篆文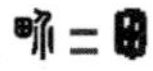（田，即"畕"——"疆"的省略，表示疆域、边陲）（介，守护、相处于两者之间），表示介于两国之间的中间地带。篆文异体字改为上下结构。造字本义是两个诸侯国领域之间的分隔线。古代各诸侯封地而建，划界而治。隶书楷书将篆文字形写成。《说文解字·田部》："界，境也，从田，介声。"[②]

①〔汉〕司马迁：《史记·货殖列传第六十九》，第751页。
②〔汉〕许慎：《说文解字》，第292页。

因此，境界，表示的是领域范围、层次分界。

《诗经》所言“饮之食之，教之诲之”给治理者提出了不同的治理境界要求。[①]孔子提出的庶、富、教，是不同境界要求；大同、小康是不同境界要求。《管子》提出的“治国有器，富国有事，强国有数，胜国有理，制天下有分”是不同境界要求，[②]“爱之，利之，益之，安之”是不同境界要求，[③]天下大治、圣世之治是不同境界要求。《荀子》所提“不富无以养民情，不教无以理民性”也是不同境界要求。[④]现代政治经济学所言私有态、共有态、公共态同样是不同境界要求。

总体说，这些境界反映了治理者引导人们辩证看待和处理自然物质要素与人类精神文化要素相互关系的方式和水平。不同水平的境界要求和治理境界，往往导致不同水平的治理结果。这些境界所显明的，是环境有恶、良、一般之分，财富有富、穷、中等之别，人有君子、小人、普通人之异，每个我都有本性之我、自求之我、超然之我之分，人性有自然原始本性、社会文明取向之不同，人的生命形态有必要生存、剩余发展之实情，历史有蒙昧、野蛮、文明之进化。在人类生命形态与自然关系上，原始社会呈现原生态，奴隶社会呈现敬畏生态，封建社会呈现顺从生态，资本主义社会支配生态掠夺生态，社会主义社会或共产主义社会则统合于生态。或者以文明进化线索说，采猎文明时代呈现原生态，农牧文明时代敬畏生态、顺从生态，工业文明时代支配生态掠夺生态，智能文明时代统合于生态。而且，其中每一层次都不是绝对的，而是不断向更高层次水平演进、提升、循环进步。

①《诗经·小雅·绵蛮》，第 229 页。
②《管子·制分》，第 172 页。
③《管子·枢言》，第 89 页。
④《荀子·大略》，第 446 页。

由此，实现不同的境界跨越提升，要点是探索各境界之间相对临界点、临界线。在所有可变要素中，这个临界点、临界线，关键是人，是人的规约与变革。人以其强大灵活的主观能动性，出入各境界、影响各境界、塑造各境界。《荀子》提出“修礼者王，为政者强，取民者安，聚敛者亡”，[①]反过来说也是境界提升之道。这是一个从垄断环境资源、聚敛财富，到广施民众、反施环境，再到资源环境与财富产品的贮藏、转换、流通、消费等善政过程，最后到善于自我规约的修礼过程。也是孟子所言良知良能的人性成长，实现自然性—人性—自然性的正向提升循环，使良知良能成为最广泛人类本性的过程。如此，正是环境—财富—生命形态的良性提升循环。

最后，以孟子的两段话结尾，反映的恰是自然物质财富与人类精神财富的相互关系问题、系统提升问题，也反映了人“养良心良知良能”——“修道不贰”的重要性问题。

孟子曰：“饥者甘食，渴者甘饮，是未得饮食之正也，饥渴害之也。岂惟口腹有饥渴之害？人心亦皆有害。人能无以饥渴之害为心害，则不及人不为忧矣。”

——《孟子·尽心上》

孟子曰：“牛山之木尝美矣，以其郊于大国也，斧斤伐之，可以为美乎？是其日夜之所息，雨露之所润，非无萌蘖之生焉，牛羊又从而牧之，是以若彼濯濯也。人见其濯濯也，以为未尝有材焉，此岂山之性也哉？虽存乎人者，岂无仁义之心哉？其所以放其良心者，亦犹斧斤之于木也，旦旦而伐之，可以为美乎？其日夜之所息，平旦之气，其好恶与人相近也者几希，则其旦昼之所为，有梏亡之矣。梏之反覆，则其夜气不足以存；

①《荀子·王制》，第118页。

夜气不足以存，则其违禽兽不远矣。人见其禽兽也，而以为未尝有才焉者，是岂人之情也哉？故苟得其养，无物不长；苟失其养，无物不消。孔子曰：‘操则存，舍则亡；出入无时，莫知其乡。’惟心之谓与？”

——《孟子·告子上》

题 五

原始要终：基于思维变换的格局治理

初，太子丹尝质于赵，与王善。王即位，丹为质于秦，王不礼焉。丹怒，亡归。……燕太子丹怨王，欲报之，以问其傅鞠武。鞠武请西约三晋，南连齐、楚，北媾匈奴以图秦。太子曰："太傅之计，旷日弥久，令人心惛然，恐不能须也。"顷之，将军樊於期得罪，亡之燕；太子受而舍之。鞠武谏曰："夫以秦王之暴而积怒于燕，足为寒心，又况闻樊将军之所在乎！是谓委肉当饿虎之蹊也。愿太子疾遣樊将军入匈奴！"太子曰："樊将军穷困于天下，归身于丹，是固丹命卒之时也，愿更虑之！"鞠武曰："夫行危以求安，造祸以为福，计浅而怨深，乃连结一人之后交，不顾国家之大害，所谓资怨而助祸矣。"太子不听。

太子闻卫人荆轲之贤，卑辞厚礼而请见之。谓轲曰："今秦已虏韩王，又举兵南伐楚，北临赵；赵不能支秦，则祸必至于燕。燕小弱，数困于兵，何足以当秦？诸侯服秦，莫敢合从。丹之私计愚，以为诚得天下之勇士使于秦，劫秦王，使悉反诸侯侵地，若曹沫之与齐桓公，则大善矣；则不可，因而刺杀之。

彼大将擅兵于外而内有乱，则君臣相疑，以其间，诸侯得合从，其破秦必矣。唯荆卿留意焉！”荆轲许之。

——《资治通鉴·秦纪一》

（秦始皇帝二十年），荆轲至咸阳，因王宠臣蒙嘉卑辞以求见；王大喜，朝服，设九宾而见之。荆轲奉图以进于王，图穷而匕首见，因把王袖而揕之；未至身，王惊起，袖绝。荆轲逐王，王环柱而走。群臣皆愕，卒起不意，尽失其度。而秦法，群臣侍殿上者不得操尺寸之兵，左右以手共搏之，且曰：“王负剑！负剑！”王遂拔以击荆轲，断其左股。荆轲废，乃引匕首擿王，中铜柱。自知事不就，骂曰：“事所以不成者，以欲生劫之，必得约契以报太子也！”遂体解荆轲以徇。王于是大怒，益发兵诣赵，就王翦以伐燕，与燕师、代师战于易水之西，大破之。

（秦始皇帝二十一年），冬，十月，王翦拔蓟，燕王及太子率其精兵东保辽东，李信急追之。代王嘉遗燕王书，令杀太子丹以献。丹匿衍水中，燕王使使斩丹，欲以献王，王复进兵攻之。

——《资治通鉴·秦纪二》

公元前 226 年冬，燕国最后一任国王姬喜（燕王喜），在赵国灭亡后重新自立的代王赵嘉鼓动下，派使者斩杀了自己儿子燕太子丹，想把他献给秦王嬴政，希望能减缓秦国进攻两国步伐。很明显，历史已经无法改写。四年后，燕王喜、代王嘉俱被秦国俘虏，两国灭亡。今天来看，单单一个燕太子就能在燕、秦、赵甚至战国末年的关系格局中起关键作用吗？他能够阻挡秦统一六国的历史大势吗？起初，燕太子丹曾与秦王嬴政同为质于赵，关系还算不错，但公元前 247 年嬴政被立为秦王，两人关系变得微妙。此后太子丹又在秦国为质，却没有受到昔日好友难友嬴政礼遇。公元前 232 年，太子丹负气跑回燕国，两人关系宣告破裂。公元前 227 年，私怨和国家矛盾并发，太子丹派荆轲刺秦王，反招致秦国大规模进攻。可以说，国家利益已占据整个关系格局的主导地位，私人恩怨在国家利益面前不值一提。单单一个燕太子已经不是整个格局的关键因素，赵嘉和燕王喜并未真正弄清秦国最终想要什么，没有搞清原因、结果、实质。《周易》说："原始要终，以为质也。"[①]《管子》进一步说："原始计实，本其所生。知其象则索其形，缘其理则知其情，索其端则知其名。"[②]此亦为治理者应有的格局思维。

一、原始要终：治理者当有格局思维

司马光评论燕太子丹，认为他不是一个好的"为国家者"，[③]没有掌握治国大义。这个大义，即国家利益，以国家利益为至重；这个大义，即国家间关系公正性，以关系变换为大格局；这个大义，即自胜自强，以强大自身能力为大思维、根本思维。

> 臣光曰：燕丹不胜一朝之忿以犯虎狼之秦，轻虑浅谋，挑怨速祸，使召公之庙不祀忽诸，罪孰大焉！而论者或谓之贤，岂不过哉！
>
> 夫为国家者，任官以才，立政以礼，怀民以仁，交邻以信；是以官得其人，政得其节，百姓怀其德，四邻亲其义。夫如是，则国家安如磐石，炽如焱火，触之者碎，犯之者焦，虽有强暴之国，尚何足畏哉！丹释此不为，顾以万乘之国，决匹夫之怒，逞盗贼之谋，功隳身戮，社稷为墟，不亦悲哉！

---

①《周易·系辞下传》，第 389 页。
②《管子·白心》，第 203 页。
③〔宋〕司马光编撰：《资治通鉴·秦纪二》，第 236 页。

夫其膝行、蒲伏，非恭也；复言、重诺，非信也；糜金、散玉，非惠也；刎首、决腹，非勇也。要之，谋不远而动不义，其楚白公胜之流乎！

荆轲怀其豢养之私，不顾七族，欲以尺八匕首强燕而弱秦，不亦愚乎！故扬子论之，以要离为蛛蝥之靡，聂政为壮士之靡，荆轲为刺客之靡，皆不可谓之义。又曰："荆轲，君子盗诸！"善哉！

——《资治通鉴·秦纪二》

格者，甲骨文 = （各，从别处来门口冒犯、阻止、提不同意见）+ （亍，行进、前来），表示前来冒犯、阻止、提不同意见；也有甲骨文假借"各" ，表示从别处来门口冒犯、提不同意见。有金文 = （木，械具）+ （各，冒犯、阻止、提不同意见），表示持木械冒犯、阻止、提不同意见，也有表示树木枝条较长互相伸进对方空间顶抗的意思。篆文 承续金文字形。隶书 将篆文字形 写成 ， 写成 。《说文解字·木部》："格，木长貌，从木，各声。"①

局者，篆文 = （人的变形）+ （句，弯曲），表示佝偻身子。造字本义是人在促狭空间里不得不弯腰曲背。隶书楷书 将篆文字形 写成 ，将 写成 。《说文解字·口部》："局，促也，从口在尺下，复局之。一曰博，所以行棋，象形。"②

①〔汉〕许慎：《说文解字》，第 115 页。

②〔汉〕许慎：《说文解字》，第 29 页。

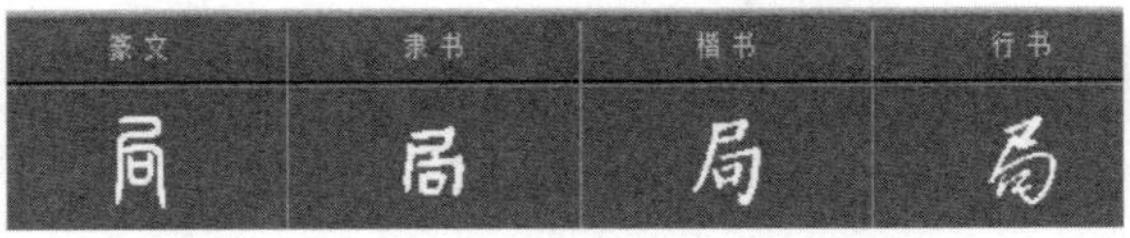

思者，金文 =（囟，脑）+（心，心灵），表示脑和心能思考。篆文 承续金文字形。古人发现心不仅是泵血器官，还是感知器官，具有直觉思维能力。造字本义是用头脑考虑、用心灵感受。隶书 将篆文字形 写成 ，将“心” 写成 。《说文解字·囟部》：“思，容也，从心，囟声，凡思之属皆从思。”①

维（維），金文 =（糸，系、绑）+（隹，凶猛的鹰隼）+（攴，打击、驯化）。造字本义是用绳子系住鹰隼双足，驯养助猎。篆文 維 省略金文字形 。隶书楷书 維 将篆文字形 写成 ，将 写成 。简体楷书 维，将 简化成 纟。《说文解字·糸部》：“维（維），车盖维也，从纟，隹声。”②

由此，格局，是由相互伸展顶抗的不同意见、力量形成，对各方言行举止有制约作用的空间形势。思维，就是经某一线索想在心思在脑。而格局思维，就要费心用脑，抓住某一线索角度，思考和理清形成某一格局形势的各种力量的本末源流、行进变动情况，达到《管子》所言“举所美，必观其所终；废所恶，必计其所穷”的状态。③

---

①〔汉〕许慎：《说文解字》，第 216 页。
②〔汉〕许慎：《说文解字》，第 277 页。
③《管子·版法解》，第 67 页。

能够纵观格局的这些思维，根本上说，不外是战略思维、大局思维、辩证思维、底线思维、历史思维、创新思维，等等。通过格局思维，意在分清远近轻重缓急、本末源流主次。

1. 战略思维

主题是大小强弱、攻守胜败。根本是胜于自胜、不可胜，胜于未战。一是先为自胜、不可胜。《商君书》言：“恃天下者，天下去之；自恃者，得天下。得天下者，先自得也；能胜强敌者，先自胜者也。”[1]名列汉宣帝麒麟阁十一功臣的赵充国在平定西羌之乱时，正是采用“百战而百胜，非善之善者也，故先为不可胜以待敌之可胜”战略。[2]二是不战而屈人之兵，不断杀而能把对方制服。即老子言“善为士者不武，善战者不怒，善胜敌者不与”。[3]

所谓战（戰），金文 戰 = 單（单，投掷工具）+ 戈（戈，刺杀工具），造字本义是士兵以抛石器、戈为武器打斗拼杀。单，甲骨文 Y、Y 在捕猎工具或武器“干”Y、Y 末端各加可投掷石球或石块 ●；有甲骨文 Y、Y 将 Y、Y 再加 ▭ 或 日，表示绑石头、装石头的绢套。篆文 戰 承续金文字形。隶书楷书 戰 将篆文字形 單 写成 單，戈 写成 戈。简体汉字 战，用 占 代替 單。《说文解字·戈部》：“战，斗也，从戈，单声。”[4]

所谓略，篆文 略 = 田（田，即“疆”，边界）+ 各（各，冒犯进犯），表示犯边。造字本义是侵入其他疆界。隶书楷书 略 将篆文字形 各 写成 各。古人称武力掠财为“侵”，称武力占地为“略”。《说文解字·田

①《商君书·画策第十八》，第 137 页。
②〔宋〕司马光编撰：《资治通鉴·汉纪十八》，第 1008 页。
③《道德经》，第 149 页。
④〔汉〕许慎：《说文解字》，第 266 页。

部》:“略，经略土地也，从田，各声。”[①]

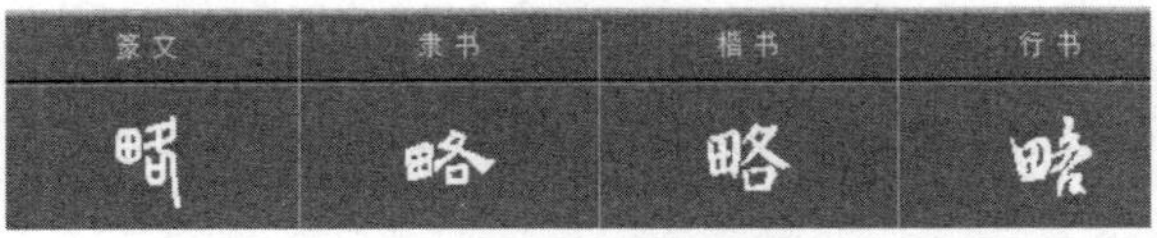

所以战略，必与斗争攻击、攻城略地有关，主要是取与守等相关问题。

2. 大局思维

主题是整体部分、公益私利。根本是服务于最终目标、整体需要，服务于公益。每在国家民族危亡攸关时刻，大胸怀者、大气度者、大无畏者往往凸显出其重要性，他们为了类群生命和至高利益得以延续而奋不顾身，达到忘我无身之境。诚如老子言:“及吾无身，吾有何患？故贵以身为天下者，若可寄天下；爱以身为天下者，若可托天下。”[②]由此，“无私者，可置以为政”。[③]

所谓大，甲骨文 像人张开双臂双腿、顶天立地之形。金文 、篆文 承续甲骨文字形。造字本义是顶天立地之成人。《说文解字·大部》:“大，天大，地大，人亦大，故大象人形。古文亣也。凡大之属皆从大。”[④]局字见前。

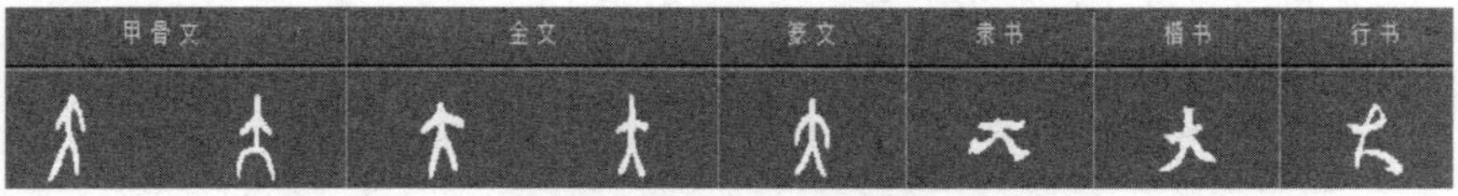

因此大局者，必有顶天立地、包容天地之胸襟、气度。

3. 历史思维

主题是治乱兴替、古今承续。根本是观往鉴今、长虑顾远、治于未乱。即所谓《鬼谷子》言:“反以观往，覆以验来；反以知古，

①〔汉〕许慎:《说文解字》，第 292 页。
②《道德经》，第 29 页。
③《管子·牧民》，第 10 页。
④〔汉〕许慎:《说文解字》，第 212 页。

覆以知今；反以知彼，覆以知己。动静虚实之理，不合于今，反古而求之。”[1]由此，重在不利方面发展扩大之前，能够通过类似经验教训加以预防，有利方面得以传承发展。但同时必须明白中国传统智慧所言“物不可穷也，故受之以《未济》”之义。[2]或如马克思说：“历史同认识一样，永远不会在人类的一种完美的理想状态中最终结束；完美的社会、完美的‘国家’是只有在幻想中才能存在的东西；相反，一切依次更替的历史状态都只是人类社会由低级到高级的无穷发展进程中的暂时阶段。”[3]每个历史阶段都有它存在的理由，但不会绝对完美，因此要有历史的大度与从容。

所谓历（歷），甲骨文 = （林，山野）+（上，行进），表示穿过山野丛林。有甲骨文 将 （两个木）写成 （两个禾）。金文 在甲骨文 基础上加 （石崖），表示攀崖过岭。造字本义是翻山越岭、穿越丛林。篆文 承续金文字形。隶书楷书 将篆文字形 写成 ， 写成 。简体楷书 历 写成 厂、力 形声字。古代称爬山为“历”，称过河为“涉”。《说文解字·止部》：“历（歷），过也，从止，厤声。”[4]

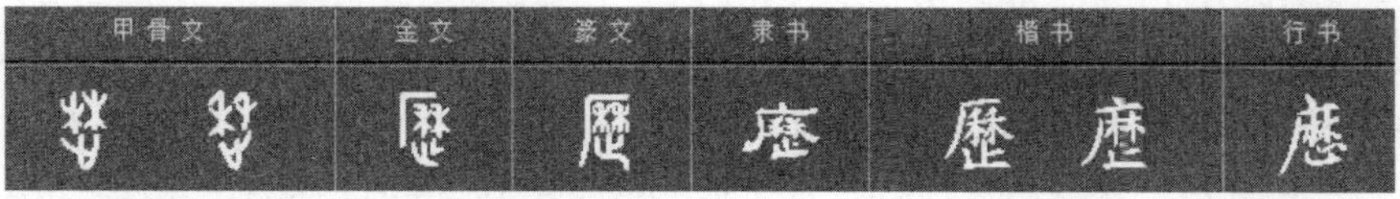

所谓史，甲骨文 = （中，表示居中调和、或立于广场中央用以召集议事的旌节、旗帜）+（又，执、抓持），表示手持旌节，出使产生争端的国界和谈调停。古时以族旗、国旗 为跨界出行凭照。也有甲骨文 、 表示专职官员手持弓钻或盛放简策的容器，钻龟甲占

①《鬼谷子·反应第二》，第 17 页。
②《周易·序卦传》，第 424 页。
③《马克思恩格斯选集》第 4 卷，北京：人民出版社，2012 年，第 223 页。
④〔汉〕许慎：《说文解字》，第 32 页。

卜吉凶并记录下来，古代史官往往担负占卜记事职责。造字本义是手持旌节，代表国家出使和谈，记录国界划定等事务，形成传于后世的和平文件；或为占卜并做好记录。金文、与篆文等承续甲骨文字形。隶书将篆文字形写成。古代称博学的文职官员为“史”，行政管理官员为“吏”。《说文解字·又部》：“史，记事者也，从又持中。中，正也，凡史之属皆从史。”[①]

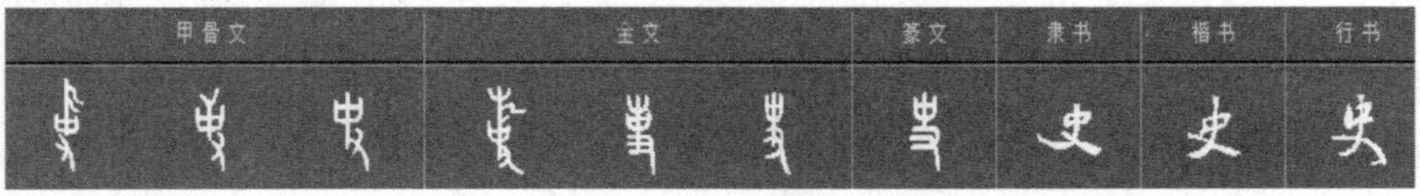

所以历史，是对过往行止经历的记录，以备参照遵循承续。

4. 创新思维

主题是革故鼎新、开物成务。根本是如何待旧稳旧、变新适新、平衡利害损益，达到心服体从。运动不息是世界最基本的规则法则，万物在运动中得以呈现，变化之势无所抵挡。《周易》有“天地革而四时成，汤武革命，顺乎天而应乎人。革之时大矣哉！”[②]但变革必须“乃孚，元亨，利贞……革而当，其悔乃亡”，革旧必须有利于做事、亨通，民众信服才可行。而且“革物者莫若鼎”，[③]必须有妥善的纳新器具纳新体系来承接革旧之举。

所谓创，有金文“刅”，=（井，像木料经过刀具加工后纵横榫接成的器物）+（刅，表示用刀斧砍凿），表示用刀斧匠具打造器物。《说文解字·井部》：“刅，造法刅业也，从井，刅声，读若创。”[④]造字本义是匠人用刀具砍凿物料巧制器物。后演变出篆文=（倉，粮库）+（刀，斧），表示匠人用刀斧建造圆柱形粮仓。隶书楷书將

①〔汉〕许慎：《说文解字》，第 59 页。
②《周易·革卦》，第 256 页。
③《周易·序卦传》，第 424 页。
④〔汉〕许慎：《说文解字》，第 101 页。

篆文字形写成，写成。简体楷书将简化成。另外，古籍也多以“创”代替“刅”，指创伤。《说文解字 · 刃部》：“刅，伤也，从刃，从一。创，或从刀，仓声。”[①]

所谓新（辛），甲骨文=（像刀刃）+（木，原木），表示加刃于木，用刀砍木。有甲骨文、再加“斤”（斧子），强调用斧劈开原木。金文将甲骨文字形写成，将写成。篆文将金文字形写成，将写成。造字本义是用锋利刀斧将原木劈成两半，备作柴薪。隶书将篆文字形写成，写成。当“新”本义消失后，篆文再加“艹”（草木）另造“薪”。《说文解字 · 斤部》：“新，取木也，从斤，亲声。”[②]

所以创新，必以特定技巧方法开辟器物、事务，且有遭遇伤痛之可能。

5. 辩证思维

主题是一分为二、对立合一，善从另一面思考甚至跳出纠缠，分清是非、廓清联系。根本是比较权衡、抓住重点关键，相互转化、相因相成、相反相生，辨析本质表象，实现中和平衡、不偏激。《周易》载：“天地睽而其事同也。男女睽而其忘通也。万物睽而其事类也。睽之时用大矣哉！……君子以同而异。”[③]老子云：“此两者，同

①〔汉〕许慎：《说文解字》，第 87 页。
②〔汉〕许慎：《说文解字》，第 301 页。
③《周易 · 睽卦》，第 203 页。

出而异名”，[①]“有无相生，难易相成，长短相形，高下相盈，音声相和，前后相随”。[②]万事万物都可以兼从不同方面审视，既从整体找寻事物变化线索，又善于发现治理要点、关键、中正之处，这样行事方不偏颇。故《商君书》载：“国富而贫治，曰重富，重富者强；国贫而富治，曰重贫，重贫者弱。……治大，国小；治小，国大。”[③]《鬼谷子》则说：“非独忠信仁义也，中正而已矣。”[④]《荀子》亦更明确提醒我们注意偏伤之患，“凡人之患，偏伤之也”，“见其可欲”而“不虑其可恶”，“见其可利”而“不顾其可害”，“动则必陷，为则必辱”，[⑤]因此要“比中而行”。[⑥]中国传统辩证智慧要义，重在察异知同、用智求简、催动转变，以旁观角度、跳出眼前局限。

所谓辩（辯），篆文 辯 = 辡（两个辛，涉及刑事的双方原告与被告、相互争执的两个罪人）+ 言（言，诉讼）。造字本义是庭审诉讼时原告和被告双方论争。隶书楷书 辯 将篆文字形 辡 写成 辡，言 写成 言。简体汉字 辩，将 言 简化成 讠。《说文解字 · 辡部》：“辩（辯），治也，从言在辡之间。”[⑦]

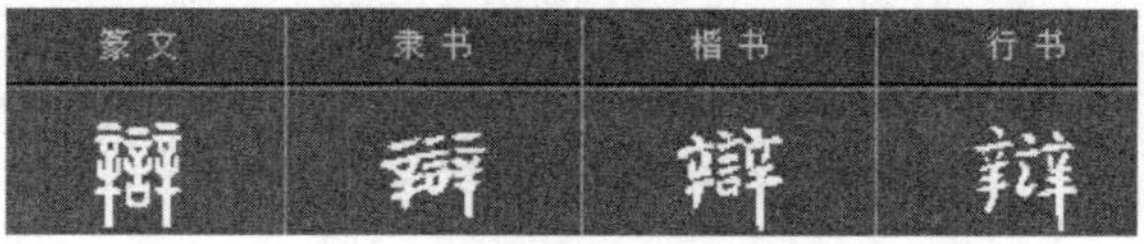

所谓证（証），篆文 証 = 言（言，说）+ 正（正，纠误），表示进谏纠误。造字本义是劝言使正，进谏观点意见，指出错误。隶书楷书 証 将篆文字形 言 写成 言，正 写成 正。简体汉字 证，将 言 简化成 讠。

①《道德经》，第 1 页。
②《道德经》，第 4 页。
③《商君书 · 去强第四》，第 37-39 页。
④《鬼谷子 · 谋篇第十》，第 81 页。
⑤《荀子 · 不苟》，第 35 页。
⑥《荀子 · 儒效》，第 95 页。
⑦〔汉〕许慎：《说文解字》，第 311 页。

《说文解字·言部》:“证(証),谏也,从言,正声。’[1]

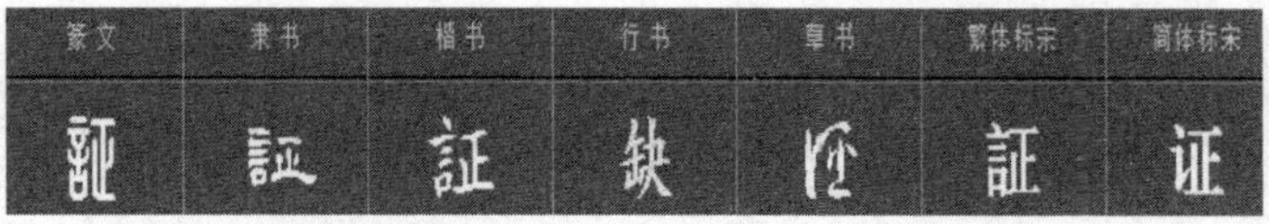

所以辩证,就是要通过双方分辨,从问题另一面验证,总之要跳出纠缠局限,明是非、辨根本、纠谬误,回到中平正确的轨道上来。

6. 底线思维

主题是基本、弱者、短板、止损、承载力。根本是构建条件、培养能力、保障公平安全、有节制、可持续。一要分析判断任务轻重和能力大小,考虑普通公众的承受能力。《管子》云:“天下乘马服牛,而任之轻重有制”,“不知任,不知器,不可谓之有道”,“不知量,不知节,不可谓之有道”[2];“故智者知之,愚者不知,不可以教民;巧者能之,拙者不能,不可以教民。非一令而民服之也,不可以为大善;非夫人能之也,不可以为大功”。[3]所以《商君书》言法制工作“必使之明白易知,名正,愚智遍能知之”。[4]二是注意民力、地力、物力等使用皆有底线。如《管子》言:“不均之为恶也,地利不可竭,民力不可殚”;[5]“赋敛厚,则下怨上矣;民力竭,则令不行矣”。[6]若“苦其力、劳其心”,则“困而不赡,大者以失其国,小者以危其身”。[7]因此要“审量出入,而观物所载”。[8]失去底线,则恐慌惊惧情绪与不安全、不可持续性等问题交织,危及治理大局。《荀子》对此做了形象描述:“马骇舆则君子不安舆,庶人骇政则君

①〔汉〕许慎:《说文解字》,第 47 页。
②《管子·乘马》,第 46-47 页。
③《管子·乘马》,第 53-54 页。
④《商君书·定分第二十六》,第 180 页。
⑤《管子·乘马》,第 55 页。
⑥《管子·权修》,第 24 页。
⑦《管子·禁藏》,第 305 页。
⑧《管子·白心》,第 205 页。

子不安位。”①三是善于爱护基本、保持基本。如《荀子》言：“生民则致宽，使民则綦理……故百姓贵之如帝，亲之如父母，为之出死断亡而不愉。”若“生民致贫隘，使民綦劳苦”，则“百姓贱之如尪，恶之如鬼，日欲司间而相与投藉之，去逐之”。②只有做到各项事务“虑之易知”“行之易安”“持之易立”，才能“成则必得其所好，而不遇其所恶”。③简言之，动必量力，举必量技。

所谓底，本字是“氐”。氐，金文 [illegible] 像手抵地面。当“氐”之“地面”本义消失后，金文 [illegible] 再加 厂（厂，即山崖、山岩）另造“底”。有金文 [illegible] 将 厂 写成 广，改为房屋含义。篆文 [illegible] 承续金文字形 [illegible]。造字本义是高山下的地面。隶书楷书 底 将篆文字形 [illegible] 写成 氏。《说文解字·广部》：“底，山居也，一曰下也。从广，氐声。”④

线（綫），是“線”的异体字。線，籀文 [illegible] = 糸（糸，丝）+ 泉（泉，水源），表示丝绳源源不断。篆文 綫 用 戔 代替 泉。造字本义是可以源源不断抽丝的细丝缕。隶书楷书 綫 将篆文字形 糸 写成 糸，戔 写成 戋。简体汉字简化为 线。古代刮麻为“线”，分线为“纱”。《说文解字·糸部》：“线（綫），缕也，从纟，戋声。[illegible]，古文线。”⑤

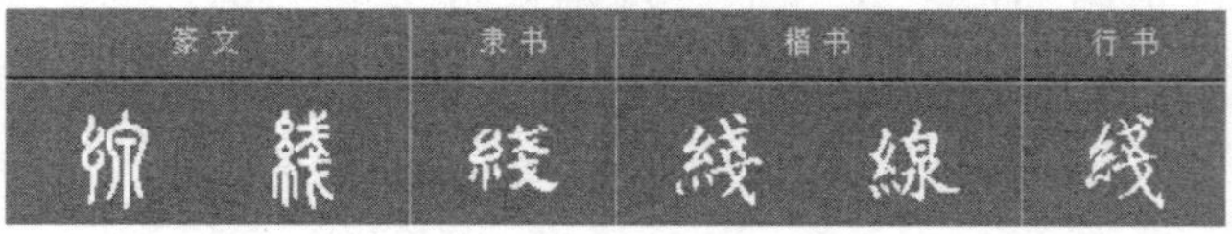

①《荀子·王制》，第 118 页。
②《荀子·王霸》，第 184 页。
③《荀子·正名》，第 367 页。
④〔汉〕许慎：《说文解字》，第 190 页。
⑤〔汉〕许慎：《说文解字》，第 276 页。

所以底线，就是与高者、多者、大者、强者、未来长远发展相比较的基本能力、基本水平、基本要素、保障条件，是保障生存、发展不应当或不可突破的最低要求。反过来说，也可以是最大上限。

公元前 255 年荀子被楚国春申君任命为兰陵令之前，曾对赵孝成王、临武君阔谈“为将”之论，可以说是这些思维的一种集中体现。

> 孝成王、临武君曰：“善！请问为将。”
>
> 孙卿子曰：“知莫大乎弃疑，行莫大乎无过，事莫大乎无悔。事至无悔而止矣，成不可必也。故制号政令，欲严以威；庆赏刑罚，欲必以信；处舍收臧，欲周以固；徙举进退，欲安以重，欲疾以速；窥敌观变，欲潜以深，欲伍以参；遇敌决战，必道吾所明，无道吾所疑，夫是之谓六术。无欲将而恶废，无急胜而忘败，无威内而轻外，无见其利而不顾其害，凡虑事欲孰而用财欲泰，夫是之谓五权。所以不受命于主有三：可杀而不可使处不完，可杀而不可使击不胜，可杀而不可使欺百姓，夫是之谓三至。凡受命于主而行三军，三军既定，百官得序，群物皆正，则主不能喜，敌不能怒，夫是之谓至臣。虑必先事而申之以敬，慎终如始，终始如一，夫是之谓大吉。凡百事之成也必在敬之，其败也必在慢之，故敬胜怠则吉，怠胜敬则灭，计胜欲则从，欲胜计则凶。战如守，行如战，有功如幸，敬谋无圹，敬事无圹，敬吏无圹，敬众无圹，敬敌无圹，夫是之谓五无圹。慎行此六术、五权、三至，而处之以恭敬无圹，夫是之谓天下之将，则通于神明矣。”
>
> ——《荀子·议兵》

二、格局构成与形态

格局要素，包括天时、地利、人力、物力、财力、内政、外交、才智、谋略、民心。由此形成时间格局、地理空间格局、人口格局、资源格局、财力格局、内政格局、外交格局、人才格局、策略格局、民心精神（凝聚力）格局。

通过评估计量、形势分析，可以理清格局构成、判断格局形态。诚如《鬼谷子》言：

> 古之善用天下者，必量天下之权而揣诸侯之情。量权不审，不知强弱轻重之称；揣情不审，不知隐匿变化之动静。
>
> 何谓量权？曰：度于大小，谋于众寡，称货财有无之数，料人民多少，饶乏有余不足几何？辨地形之险易，孰利孰害？谋虑孰长孰短？揆君臣之亲疏，孰贤孰不肖？与宾客之知慧，孰少孰多？观天时之祸福，孰吉孰凶？诸侯之交，孰用孰不用？百姓之心，去就变化，孰安孰危，孰好孰憎？反侧孰辩，能知此者，是谓量权。
>
> ——《鬼谷子·揣篇第七》

又说必“见天时之盛衰，制地形之广狭，阻险之难易，人民货财之多少，诸侯之交孰亲孰疏、孰爱孰憎，心意之虑怀”。[①]简言之，就是充分衡量自己的人力（兵力）、物力、财力，天时、地利，内政、外交，才智、谋略与民心。这些要素的大小强弱、变化组合，就形成一定的格局形态。

略言之，攻守状态、力量变化、主动被动、组合结构、极化状态、竞合吸斥、大小动静、治乱利害、安危存亡荣辱、道义凝聚、结果成败等各有不同。由此，有攻局、守局、胶着之局。有增强之

① 《鬼谷子·飞箝第五》，第43页。

局、衰弱之局、转折之局。有制人之局、受制之局、独立之局。有统合之局、分化之局、羁縻之局。有独大之局、并立之局、鼎足之局。有混乱之局、有序之局；有利之局、不利之局；兼取之局、守一之局。有安局、危局；存局、亡局；荣局、辱局。有道义之局、不义之局；多助之局、寡助之局、孤立之局。有成局、败局、和局。有大局、中局、小局；变局、定局；局中局、局外局；构局、破局；等等。

不同事物有不同发展格局、结构功能形态，有效治理要善于把握格局应用规律。诚如《管子》云："以家为乡，乡不可为也；以乡为国，国不可为也；以国为天下，天下不可为也。以家为家，以乡为乡，以国为国，以天下为天下。毋曰不同生，远者不听；毋曰不同乡，远者不行；毋曰不同国，远者不从。如地如天，何私何亲？如月如日，唯君之节。"[①]从一家到一乡，再到一国和世界，治理规模范围在不断变化，不能用小格局方法治理大格局事务，否则就会失去支持认同。

采用格局思维，判断格局内外力量分离组合、动静消长、心理聚斥的临界线、联结点、纽带、裂缝等，就可以通过抵御、迎击、转化等方法促动格局形态变化。亦如鬼谷子言：

> 物有自然，事有合离。有近而不可见，有远而可知。近而不可见者，不察其辞也；远而可知者，反往以验来也。巇者，罅也。罅者，涧也。涧者，成大隙也。巇始有眹，可抵而塞，可抵而却，可抵而息，可抵而匿，可抵而得。此谓抵巇之理也。
>
> ——《鬼谷子·抵巇第四》

> 凡趋合倍反，计有适合。化转环属，各有形势。反覆相求，

①《管子·牧民》，第9页。

因事为制。……必因事务之会，观天时之宜，因知所多所少，以此先知之，与之转化。……古之善背向者，乃协四海，包诸侯，忤合之地而化转之，然后求合。

——《鬼谷子·忤合第六》

更要善于从大局外局、构局破局等着眼，推动格局变化。孔子说："大节是也，小节是也，上君也。大节是也，小节一出焉，一入焉，中君也。大节非也，小节虽是也，吾无观其余矣。"[①]《商君书》言："治大，国小；治小，国大。"[②]孟子提出："养其小者为小人，养其大者为大人"，[③]"从其大体为大人，从其小体为小人"。[④]荀子提出："国者，巨用之则大，小用之则小；綦大而王，綦小而亡，小巨分流者存。……粹而王，驳而霸，无一焉而亡。"[⑤]老子则提出："外其身而身存"[⑥]"以正治国，以奇用兵，以无事取天下"。[⑦]……莫不是从局势高处、大处、局外破题进而提供有益启发，要转变思维、转换角度、转变境界。"会当凌绝顶，一览众山小""不识庐山真面目，只缘身在此山中""不畏浮云遮望眼，自缘身在最高层"等中国古诗句，无疑是最有寓意的说明。

三、究竟是什么影响格局演化?

探寻格局变化的影响因素，《荀子》给出的方法是："原始计实，本其所生。知其象则索其形，缘其理则知其情，索其端则知

①《荀子·王制》，第 118 页。
②《商君书·去强第四》，第 39 页。
③《孟子·告子上》，第 228 页。
④《孟子·告子上》，第 229 页。
⑤《荀子·王霸》，第 169 页。
⑥《道德经》，第 16 页。
⑦《道德经》，第 125 页。

其名”；[①]“小辩不如见端，见端不如见本分。小辩而察，见端而明，本分而理”。[②]可以说是采用格局思维，探寻事物发展脉络，验证事物本质，抓住事物根本、源头、主要因素。这些因素，除不可抗或难以及时改变的天时、地利等因素外，最重要者，莫过于人才格局、人心格局，总之是与人有关的两方面因素应当相辅相成：不仅得人力，还要得人心，实现心力俱致。

《管子》说：“争天下者，必先争人。明大数者得人，审小计者失人。得天下之众者王，得其半者霸。”[③]表明了“人”对格局治理的重要性。

在所有人力资源中，各种人才、匠才能才、贤才大才、超世之才创新之才又更为重要。一般人力资源惯于重复、仿效，但人才则必有思考、责任、行动，匠才能才必能匠心独运、精益求精，贤才大才必能扶危济世、坚忍不拔，超世之才必能知所未知、见所未见、行所未行、激发原力开辟新纪。现实言之，各层次人才养成又离不开课业教师、专业教师、专业名师、导师大师的培养。课业教师培养一般人力资源，注重站稳讲坛，传道授业，讲所见所闻、所学所会，意在开心启智、求有感有应。专业教师培养普通人才，注重走下讲坛，解惑赋能，讲所思所悟、所能所行，意在固心壮志、求分辨端正。专业名师培养匠才能才，处处讲坛，往往小中见大、借题发挥、触类旁通，意在慧心明智、求深思笃行。导师大师培养贤才大才、超世之才创新人才，往往不拘一格、打破束缚、破旧立新，意在出心换智、求发现创造。由此，更进一步构成了高要求、高层次的人才格局体系。

汉成帝时故南昌尉梅福曾上书说：“士者，国之重器；得士则重，

①《管子·白心》，第203页。
②《荀子·非相》，第65页。
③《管子·霸言》，第150页。

失士则轻。”[①]汉哀帝时大司空何武、尚书令唐林也上书说：“百万之众，不如一贤。故秦行千金以间廉颇，汉散万金以疏亚夫。”[②]

《三国志》记载曹操与袁绍的一段对话，《资治通鉴》记载赵良劝商鞅的一段对话，并呈现出不同人物结局命运，可作此文结尾。从历史结果看，能看出人才相比于地利等因素对格局变化的极端重要性，也能看出人心凝聚对人才作用和命运、对格局变化的极端重要性，更能看出两者相依为用的极端重要性。

> 初，绍与公共起兵，绍问公曰：“若事不辑，则方面何所可据？”公曰：“足下意以何如？”绍曰：“吾南据河，北阻燕、代，兼戎狄之众，南向以争天下，庶可以济乎？”公曰：“吾任天下之智力，以道御之，无所不可。”
>
> ——《三国志·魏书·武帝纪第一》

> 秦孝公薨，子惠文王立。公子虔之徒告商君欲反，发吏捕之。商君亡之魏；魏人不受，复内之秦。商君乃与其徒之商於，发兵北击郑。秦人攻商君，杀之，车裂以徇，尽灭其家。
>
> 初，商君相秦，用法严酷，尝临渭论囚，渭水尽赤。为相十年，人多怨之。赵良见商君，商君问曰：“子观我治秦孰与五羖大夫贤？”赵良曰：“千人之诺诺，不如一士之谔谔。仆请终日正言而无诛，可乎？”商君曰：“诺。”赵良曰：“五羖大夫，荆之鄙人也，穆公举之牛口之下而加之百姓之上，秦国莫敢望焉。相秦六七年而东伐郑，三置晋君，一救荆祸。其为相也，劳不坐乘，暑不张盖。行于国中，不从车乘，不操干戈。五羖

①〔宋〕司马光编撰：《资治通鉴·汉纪二十三》，第1222页。
②〔宋〕司马光编撰：《资治通鉴·汉纪二十五》，第1266页。

大夫死，秦国男女流涕，童子不歌谣，舂者不相杵。今君之见也，因嬖人景监以为主；其从政也，凌轹公族，残伤百姓。公子虔杜门不出已八年矣。君又杀祝懽而黥公孙贾。《诗》曰：‘得人者兴，失人者崩。’此数者，非所以得人也。君之出也，后车载甲，多力而骈胁者为骖乘，持矛而操闟戟者旁车而趋。此一物不具，君固不出。《书》曰：‘恃德者昌，恃力者亡。’此数者，非恃德也。君之危若朝露，而尚贪商於之富，宠秦国之政，畜百姓之怨。秦王一旦捐宾客而不立朝，秦国之所以收君者岂其微哉！”商君弗从。居五月而难作。

——《资治通鉴·周纪二》

题 六

利民为本令行为上：基于制度创新和标准化的模式治理

赵武灵王北略中山之地，至房子，遂之代，北至无穷，西至河，登黄华之上。与肥义谋胡服骑射以教百姓，曰："愚者所笑，贤者察焉。虽驱世以笑我，胡地、中山，吾必有之!"遂胡服。

国人皆不欲，公子成称疾不朝。王使人请之曰："家听于亲，国听于君。今寡人作教易服而公叔不服，吾恐天下议己也。制国有常，利民为本；从政有经，令行为上。明德先论于贱，而从政先信于贵，故愿慕公叔之义以成胡服之功也。"公子成再拜稽首曰："臣闻中国者，圣贤之所教也，礼乐之所用也，远方之所观赴也，蛮夷之所则效也。今王舍此而袭远方之服，变古之道，逆人之心，臣愿王熟图之也!"使者以报。王自往请之，曰：

“吾国东有齐、中山，北有燕、东胡，西有楼烦、秦、韩之边。今无骑射之备，则何以守之哉？先时中山负齐之强兵，侵暴吾地，系累吾民，引水围鄗；微社稷之神灵，则鄗几于不守也，先君丑之。故寡人变服骑射，欲以备四境之难，报中山之怨。而叔顺中国之俗，恶变服之名，以忘鄗事之丑，非寡人之所望也!”公子成听命，乃赐胡服，明日服而朝。于是始出胡服令，而招骑射焉。

——《资治通鉴·周纪三》

公元前 307 年，赵武灵王进行了一场胡服骑射的改革，赵国由此走上强国之路。与 40 多年前秦国商鞅大规模改革不同，主要就两点，一是穿胡服，改变一下服装穿着样式。二是学习骑马射箭，增添一些战斗技巧，提高生存能力。与很多大规模改革相比，内容不多，但也遇到少许抵制。可以说，历览有史以来改革，极少有未受抵制、无不同意见者。人习其事而固，一旦形成一种熟悉的生活生产模式，从根本上说是一种具体规则的运行模式，往往很难改变，改变会带来陌生、不适应、不安全感。但亦如赵武灵王所说：“制国有常，利民为本；从政有经，令行为上。”[①]一种运行模式的改变，只要它根本上便利于民、有利于国，而且易于执行、能够通行，则将或早或迟、或先或后，得到人民接受、践行。这其中又有三点格外值得注意：新模式确具比较优势，易受认同；新模式能够实现标准化，易于执行；新模式虽为当务之急、社会之急，但应渐进推行逐步适应，能保大局安全稳定。

①〔宋〕司马光编撰：《资治通鉴·周纪三》，第 98 页。

一、不慕古不留今：制度创新重在比较优势

创新并非单指创造完全没有过的东西，就此处而言，如赵国胡服骑射，引进它本身未曾应用、但却在彼处已经适用的东西，也是创新。因此，创新须有参照系。这个参照系，首先是以往与当今的一个历史纵向与横向参照。

参照原则如《管子》言："不慕古，不留今，与时变，与俗化"，"期于利民而止。"[①]一切以便利人民需要为根本标准。利者，秋季以刀割禾，必有收获。便者，人之不适而有更也，出于舒适轻快需要而更新替换。从人本性出发，无论与自己以往比较，还是与他人当前比较，都希望有更多收获、更多轻便。从人社会文明性思考，亦欲更多为善向善，做尽善尽美之人。因此要人民接受这种便利，实际为创新提出了具备更多比较优势的要求。

优（優），金文字形  = （人，古代乐舞谐戏艺人）+ （忧，思虑重重、掩面迟行），表示多愁善感的艺人。篆文  承续金文字形。造字本义是古代舞台上多愁善感的美貌艺人表演者。隶书  将篆文字形  写成 。简体汉字 **优**，用 **尤**（特别）代替 **憂**（忧），淡去"忧愁"含义，强化"特别"（美丽）之义。《说文解字·人部》："优（優），饶也，从人，忧声。一曰倡也。"[②]优之义，已是在各种现象、事物中更易辨识和更具吸引力、鉴赏力的美、好、多之义。

美国政治学者罗杰斯在研究政策创新时曾归纳，相对优势性、

①《管子·正世》，第259页。
②〔汉〕许慎：《说文解字》，第162页。

兼容性、复杂性、可获得性和可试用性等五种能够被政策采纳者主观感知的创新属性会影响政策扩散速度。[①]克拉克则具体分析认为，政策成本、复杂性与扩散速度成反比，政策的相对优势性、可观察性、议题显著性与扩散速度成正比。[②]中山大学朱亚鹏教授也证实，不仅不同类型的政策属性会影响政策采纳偏好、扩散速度、范围和内容变化，而且政策内容会随着政策扩散过程发生变化，政策创新采纳与采纳后的政策执行不同步，出现较大地方差异。[③]政策与制度以及政策创新和制度化等概念之间复杂关联，甚至很难明确区分，学术界也没有对之严格统一的解释。任何政策都以现有制度为基础，最终也沉淀为成熟的制度，政策创新优势对制度创新优势而言具有一定适用性。实际上，兼容、易辨识、易获得、可试用、简明性，综合而言方为优势。但人“同求而异道，同欲而异知”，[④]这种优势会因具体的天时与人俗等应用环境的差异性，形成差异化表现。

赵武灵王改胡服骑射，除了“胡地、中山，吾必有之”的壮志雄心，“备四境之难，报中山之怨”的急情迫使，[⑤]更是看中胡服骑射对中原地区传统着衣模式、武器装备模式所具有的相对优势，预测到赵国装备改革对其他地区可能形成的相对竞争优势和可行性。而且赵国在北，与胡服骑射地区更加接近，学习借鉴更加方便；人们在长期与这些地区的冲突与交往中，都可以发现胡服骑射的优势。在这些优势吸引面前，“变古之道”易于被百姓认同，而接下来的工作，就是令行为上了，创新不是单纯谋划，更在能被落实执行。

① E M Rogers：*Diffusions of Innovations*（3th edition），The Free Press，1983，p.212.

② J Clark：“Policy Diffusion and Program Scope-Research Directions”，*Publius：the Journal of Federalism*，Vol.15，Number 4，1985，pp.61-70.

③ 朱亚鹏、丁淑娟：《政策属性与中国社会政策创新的扩散研究》，《社会学研究》，2016年第5期。

④《荀子·富国》，第138页。

⑤〔宋〕司马光编撰：《资治通鉴·卷第三·周纪三》，第98页。

二、简则易从：制度创新要标准化易执行

人们对制度创新相对优势性的关注，进一步说，制度创新及其传递、维持、扩散的关键，就是形成简约——易判断、易操作、可执行的标准化模式。《周易》说：“易则易知，简则易从；易知则有亲，易从则有功；易亲则可久，有功则可大；可久则贤人之德，可大则贤人之业。易简而天下之理得矣。”①实现模式的简易化、标准化，才有助于实现久亲大功和贤德贤业，就是说，无论从内心还是行为上，都要实现领会、普及、遵循。

所谓简（簡），金文 = （竹，作为文字载体的竹片）+（间，夹杂、缝隙），表示编绳竹片相间。金文会义线索暂不明。篆文承续金文字形。造字本义是编扎在一起的写字竹片。隶书楷书簡将篆文字形写成⺮和閒。简体汉字简，将閒简化成间。远古时代先民将文字刻画、铸印在甲骨或金属器皿上，便于信息永久保留，但技术复杂、效率不高；后来先民发现，耐潮耐温的竹片虽不如甲骨、铜器永固，但在竹片上书写方便高效，可谓“简单之至”，可称为“简”。人们还发现，木片虽不如竹片那么耐潮耐蚀，但书写更为方便，重量更轻、易于携带，于是“札”和“牍”继“简”之后盛行。古代可移动文件中，用竹片书写叫“简”，用木片书写叫“札”或“牍”；若干“简”或“札”编缀一起叫“册”。《说文解字》：“简（簡），牒也，从竹，间声。”②

所谓易，一说是变更、交换为易，甲骨文（易）像是将一个有

① 《周易·系辞上传》，第 333 页。
② 〔汉〕许慎：《说文解字》，第 90 页。

抓柄器皿中的液体，倒入另一个没有抓柄的器皿。一说是“锡”的本字，有甲骨文将带握柄器皿简写成勺具形状，将倾注液体形状简写成，表示用勺具将金属熔液浇铸到器皿坯模中。锡熔点低，是铸器好材料，古人发现“熔锡铸器”好操作，不费事，遂以铸锡为易。金文像一个有手把的盛器里装着液体，字形进一步简化。有金文将盛器形状简化成，将抓柄形状写成了似“日”非“日”形状。篆文则将金文字形写成明确的‘日”形，至此“易”字形中器皿、手把、液体等形象特征消失。造字本义是将一个容器中的液体倒入另一个容器，或将一容器中低熔点锡注入模具、铸造新器皿。当“易”的“低熔点金属锡”本义消失后，篆文再加“金”造“锡”代替。《说文解字·易部》：“易，蜥易，蝘蜓，守宫也，象形。《秘书》说：‘日月为易，象阴阳也。’一曰从勿。凡易之属皆从易。”[①]《周易》言：“生生不息之谓易。”[②]又可说阴阳两方面相互转化生生不灭为易。

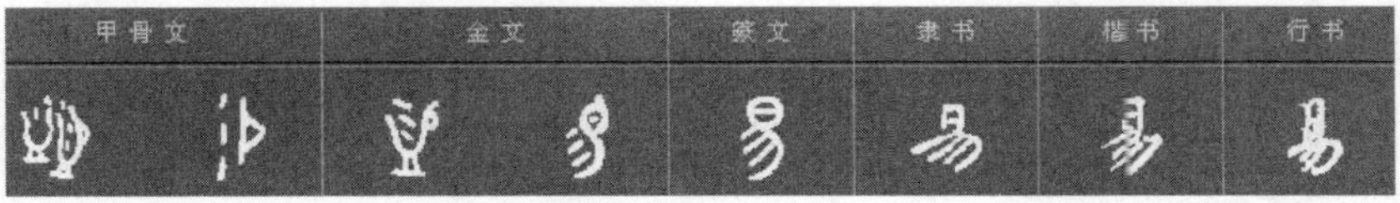

所以简易，必以可固定的载体器具、方法，既方便于判断测量，方便于事物不断延续传承，也方便于承载事物交替转换。

所谓标（標），篆文=（木，木牌）+（票，写字为凭的薄纸片），表示写字的木牌。造字本义是竖在地面用以提示的题字木牌。楷书**標**将篆文字形写成**木**，简化成**票**。简体汉字**标**，将**票**省略成**示**。《说文解字》：“标（標），木杪末也，从木。”[③]

---

①〔汉〕许慎：《说文解字》，第 196 页。
②《周易·系辞上传》，第 340 页。
③〔汉〕许慎：《说文解字》，第 114 页。

所谓准（準），篆文準=水（水，水平）+隼（隼，观察锐利的猎鹰），表示锐眼观察，检查是否水平。造字本义是工匠眯眼聚焦观察建筑材料线面是否水平。隶书楷书準将篆文字形“水”水写成“三点水”氵，将篆文字形隼写成隼。简体汉字准，将氵简写成冫，省去十（“又”的变形）。《说文解字·水部》：“准（準），平也，从水，隼声。”[①]

所以标准，就是要形成锐利鲜明，可供观察、测量和判断水平程度等各种特征的统一提示、说明、对照物，以对事物、行为、认识等进行指导、控制、平衡、纠正。如果没有一定标准要求，则如老子言：“其无正，正复为奇，善复为妖。”[②]亦如《荀子》言：“庆赏刑罚，通类而后应。”[③]

所谓模，据《新华字典》解释，是用压制或浇灌方法制造物品的器具，是可用来复制、参照、仿效的原物、原型、对象，也可以是遵照的法式、规范。[④]

所谓式，篆文式或式=弋（弋，武器）+工（即古文“工”，生产劳动器具），表示武器或工具。工，甲骨文工，象形为古代木工画直角和圆弧的工字尺。古代先民生活的主要内容是劳动、打仗，因此劳动工具与武器使用方法至关重要。造字本义是工具、武器的使用套

①〔汉〕许慎：《说文解字》，第234页。
②《道德经》，第127页。
③《荀子·大略》，第448页。
④《新华字典》（第11版），第349、352页。

路、技巧方法。隶书式将篆文字形弋写成弋。《说文解字·工部》："式，法也，从工，弋声。"[1]

所以模式，即直接供以复制仿效、遵循套用的原物、对象、工具或技巧方法。其重点在于可以重复使用、传递、维持、扩散。而简易、标准等鲜明特点和要求，正是模式可以重复使用、传递、维持、扩散的必然条件。反之，如《管子》云："言而不可复，行而不可再者，有国者之大禁也。"[2]公元前 307 年，赵武灵王力劝叔父公子成穿胡服做表率，公子成"明日服而朝"，[3]树立的正是大家可以看得见、信得过、可仿效的标准、榜样。

这些模式，从宏观整体到微观具体，从理念到行动，从政治到经济，可以有很多种类、很多方面、很多层次、很多领域。有规则制定模式、执行模式；有制度体制、机制运行模式；有操作流程、行动模式；有政治模式、经济模式、国家社会关系模式、经济—社会—自然关系（即环境—财富—生命形态关系）模式；有全国模式、地区模式；有总体模式、单元模式；有为物格物的模式、也有为人育人模式；等等。

《荀子》说："临事接民而以义，变应宽裕而多容，恭敬以先之，政之始也；然后中和察断以辅之，政之隆也；然后进退诛赏之，政之终也。故一年与之始，三年与之终。用其终为始，则政令不行而上下怨疾，乱所以自作也。"[4]孔子说的"庶之、富之、教之""先有

①〔汉〕许慎：《说文解字》，第 95 页。
②《管子·形势》，第 19 页。
③〔宋〕司马光编撰：《资治通鉴·周纪三》，第 98 页。
④《荀子·致士》，第 223-224 页。

司，赦小过，举贤才”[①]“尊五美，摒四恶”，[②]等，无不体现古代先贤对政治事务轻重缓急先后的智慧提炼，也可以说是行政、管理、治理或宏观政治的根本流程、最大流程、为政模式。

“水行者表深，表不明则陷。治民者表道，表不明则乱。礼者，表也。非礼，昏世也；昏世，大乱也。故道无不明，外内异表，隐显有常，民陷乃去。”[③]“程者，物之准也；礼者，节之准也。程以立数，礼以定伦，德以叙位，能以授官。”[④]“礼者，人之所履也。失所履，必颠蹶陷溺。所失微而其为乱大者，礼也。”[⑤]《荀子》等对礼、程、类、德、能问题的种种论说，也无不说明简明、标准、模式等要素的重要性。

20 世纪 70 年代特别是 90 年代以来提出许多政府治理新模式，比如企业化政府或企业家式政府，后官僚制政府，弹性化、参与式、解制式、市场式政府治理模式，无缝隙政府，服务型政府，多中心治理，整体治理、协同治理，等等。它们或反映了当前政治与政府治理遭遇的各种机制方法困境、经济困境、安全困境、民众认同困境。说到底，是不同历史境域改善政府与社会合作关系的需要。之所以提出这么多模式取向，就说明一种模式不足包打天下，每种模式本身有专长也有缺陷。每种模式都有历史的必然性，都有它存在的理由，从历史广域谱系来看，各种模式构成有机整体，需要协同作用。

①《论语·子路第十三》，第 140 页。
②《论语·子路第十三》，第 219 页。
③《荀子·天论》，第 275 页。
④《荀子·致仕》第 224 页。
⑤《荀子·大略》，第 443 页。

三、积微者著：模式推行要渐进稳重

《荀子》言："尽小者大，积微者著。"[①]首先要注意到，任何一种模式的推行都不可能一蹴而就，必须循序渐进推行。尤其是政治、法治、德治等事务，与经济财务不同，"财物货宝以大为重，政教功名反是，能积微者速成"。[②]虽必从大处着眼思维，却必从细微小事着手累积。因为正如《荀子》所言："小事之至也数，其县日也博，其为积也大；大事之至也希，其县日也浅，其为积也小。"[③]这既取决于事物差异的普遍性，即《孟子》所谓"物之不齐，物之情也"；[④]也取决于地理风俗等具体差异，即《荀子》言："土地形制不同者，械用备饰不可不异也。"[⑤]因此，要在结合具体对象特征、领域、层次的点滴尝试和持续改进中积累、适应、优化。

"理贯不乱。"一种新模式的推行，还要注意保持基本文化原则、规则法则的适应性、连续性。这种连续性，不是单纯呆板地固守传统文化，而是在保持不断裂文化体系核心价值的基础上，瞄向当前和未来持续开拓发展。《荀子》云："百王之无变，足以为道贯。一废一起，应之以贯，理贯不乱。不知贯，不知应变。贯之大体未尝亡也。乱生其差，治尽其详。故道之所善，中则可从，畸则不可为，匿则大惑。"[⑥]具体说，就是要保持政策的一定连续性，即所谓赵武灵王"制国有常""从政有经"之言，《管子》"上无固植，下有疑心"之说，[⑦]切不可"号令已出又易之，礼义已行又止之，度量已制又迁

① 《荀子·大略》，第 456 页。
② 《荀子·强国》，第 262 页。
③ 《荀子·强国》，第 262 页。
④ 《孟子·滕文公上》，第 97-98 页。
⑤ 《荀子·正论》，第 285 页。
⑥ 《荀子·天论》，第 274-275 页。
⑦ 《管子·法法》，第 118 页。

之，刑法已错又移之”。[1]既然是模式、标准，就不可兴废无常，无法预期。

“利莫大于治，害莫大于乱。”[2]一种新模式的推行，更要考虑放在大局安全稳定的前提下进行。秩序、安全、稳定既是新模式得以推行的必备环境条件，也是社会追求的目标底线。具体说，一要考虑执行者队伍本身的适应性，二要考虑模式适用对象的情绪稳定性。扩大说，要考虑政治、经济、安全总体形势的稳定性。如《荀子》言：“马骇舆则君子不安舆，庶人骇政则君子不安位。”[3]只有下安才能上安，因此既不能激起执行者本身的过度反应，更不能激起民怨。这其中比较重要的四个原则，《管子》的表述是：“不为不可成，不求不可得，不处不可久，不行不可复。”[4]“不为不可成者，量民力也；不求不可得者，不强民以其所恶也；不处不可久者，不偷取一世也；不行不可复者，不欺其民也。……量民力，则事无不成；不强民以其所恶，则诈伪不生；不偷取一世，则民无怨心；不欺其民，则下亲其上。”[5]

最后选取西汉末年王莽托古改制的案例做个结尾，或可加深对制度模式改革运行等问题的理解。尽管有争论说，王莽的制度改革思想与现代相比也不算落后，从土地国有化（王田）、房宅登记、货币改革、财税改革、国家银行（钱府）、市场调节（五均司市）、物资控制（六莞，盐、铁、酒等资源管制和征收山泽税）、户籍制度、社会保障到行政机构、官僚体系等应有尽有；但正如《资治通鉴》指出，王莽慕古，对现行制度全然改变，不做继承，不度时宜，制度不定，立废无常，法禁烦苛，专由喜恶，好空言，官民苦怨，怎

①《管子·法法》，第117页。
②《管子·正世》，第259页。
③《荀子·王制》，第118页。
④《管子·牧民》，第7页。
⑤《管子·牧民》，第7页。

一“乱”字了得！既不简明，也不标准；既没有贯彻“利民为本”的原则，也没有达到“令行为上”的目标。这样的改制模式，会成功吗？

莽曰：“古者一夫田百亩，什一而税，则国给民富而颂声作。秦坏圣制，废井田，是以兼并起，贪鄙生，强者规田以千数，弱者曾无立锥之居。又置奴婢之市，与牛马同阑，制于民臣，颛断其命，缪于‘天地之性人为贵’之义。汉氏减轻田租，三十而税一，常有更赋，罢癃咸出；而豪民侵陵，分田劫假。厥名三十税一，实什税五也。故富者犬马馀菽粟，骄而为邪；贫者不厌糟糠，穷而为奸。俱陷于辜，刑用不错。今更名天下田曰‘王田’，奴婢曰‘私属’，皆不得卖买。其男口不盈八而田过一井者，分馀田予九族、邻里、乡党。故无田、今当受田者，如制度。敢有非井田圣制、无法惑众者，投诸四裔，以御魑魅，如皇始祖考虞帝故事！”

莽性躁扰，不能无为，每有所兴造，动欲慕古，不度时宜，制度又不定；吏缘为奸，天下謷謷，陷刑者众。莽知民愁怨，乃下诏：“诸食王田，皆得卖之，勿拘以法。犯私买卖庶人者，且一切勿治。”然他政悖乱，刑罚深刻，赋敛重数，犹如故焉。

——《资治通鉴·汉纪二十九》

夏，六月，莽更授诸侯茅土于明堂，亲设文石之平，陈菁茅四色之土，告于岱宗、泰社、后土、先祖、先妣以班授之。莽好空言，慕古法，多封爵人，性实吝啬，托以地理未定，故且先赋茅土，用慰喜封者。

莽置羲和命士，以督五均、六筦。郡有数人，皆用富贾为之，乘传求利，交错天下。因与郡县通奸，多张空簿，府藏不实，百姓愈病。是岁，莽复下诏申明六筦，每一筦为设科条防禁，犯者罪至死。奸吏猾民并侵，众庶各不安生，又一切调上公以下诸有奴婢者，率一口出钱三千六百，天下愈愁。纳言冯常以六筦谏，莽大怒，免常官。法令烦苛，民摇手触禁，不得耕桑，繇役烦剧，而枯旱、蝗虫相因，狱讼不决。吏用苛暴立威，旁缘莽禁，侵刻小民，富者不自保，贫者无以自存，于是并起为盗贼，依阻山泽，吏不能禽而覆蔽之，浸淫日广。临淮瓜田仪等依阻会稽长州；琅邪吕母聚党数千人，杀海曲宰，入海中为盗，其众浸多，至万数。荆州饥馑，民众入野泽，掘凫茈而食之，更相侵夺。新市人王匡、王凤为平理诤讼，遂推为渠帅，众数百人。于是诸亡命者南阳马武、颍川王常、成丹等，皆往从之。共攻离乡聚，臧于绿林山中，数月间至七八千人。又有南郡张霸、江夏羊牧等与王匡俱起，众皆万人。莽遣使者即赦盗贼，还言："盗贼解辄复合，问其故，皆曰：'愁法禁烦苛，不得举手，力作所得，不足以给贡税；闭门自守，又坐邻伍铸钱挟铜，奸吏因以愁民。'民穷，悉起为盗贼。"莽大怒，免之。其或顺指言"民骄黠当诛"及言"时运适然，且灭不久"，莽说，辄迁官。

春，莽见盗贼多，乃令太史推三万六千岁历纪，六岁一改元，布天下。下书自言己当如黄帝仙升天，欲以诳耀百姓，销解盗贼。众皆笑之。

——《资治通鉴·汉纪三十》

题七

萃而州处：区域治理

桓公曰："定民之居，成民之事奈何？"管子对曰："士农工商四民者，国之石民也，不可使杂处，杂处则其言哤，其事乱。是故圣王之处士必于闲燕，处农必就田野，处工必就官府，处商必就市井。今夫士群萃而州处，闲燕则父与父言义，子与子言孝，其事君者言敬，长者言爱，幼者言弟。旦昔从事于此，以教其子弟，少而习焉，其心安焉，不见异物而迁焉。是故其父兄之教不肃而成；其子弟之学不劳而能。夫是故士之子常为士。今夫农群萃而州处，审其四时，权节具，备其械器用，比耒耜枷芟。及寒，击槁除田，以待时乃耕，深耕、均种、疾耰。先雨芸耨，以待时雨。时雨既至，挟其枪刈耨镈，以旦暮从事于田野，税衣就功，别苗莠，列疏遬。首戴苎蒲，身服袯襫，沾体涂足，暴其发肤，尽其四支之力，以疾从事于田野。少而习焉，其心安焉，不见异物而迁焉。是故其父兄之教不肃而成；其子弟之学不劳而能。是故农之子常为农，朴野而不慝，其秀才之能为士者，则足赖也，故以耕则多粟，以仕则多贤，是以圣王敬畏戚农。今夫工群萃而州处，相良材，审其四时，辨其功苦，权节其用，论比计制，断器尚完利。相语以事，相示以功，相陈以巧，相高以知事。旦昔从事于此，以教其子弟。少而习焉，其心安焉，不见异物而迁焉。是故其父兄之教不肃而成，其子弟之学不劳而能。夫是故工之子常为工。今夫商群萃而州处，观凶饥，审国变，察其四时而监其乡之货，以知其市之贾。负任担荷，服牛辂马，以周四方；料多少，计贵贱，以其所有，易其所无，买贱鬻贵。是以羽旄不求而至，竹箭有余于国；奇怪时来，珍异物聚。旦昔从事于此，以教其子弟。相语以利，相示以时，相陈以知贾。少而习焉，其心安焉，不见异物而迁焉。是故其父兄之教不肃而成；其子弟之学不劳而能。夫是故商之子常为商。相地而衰其政，则民不移矣。正旅旧，则民不惰。山泽各以其时至，则民不苟。陵陆、丘井、田畴均，则民不惑。无夺民时，则百姓富；牺牲不劳，则牛马育。”

——《管子·小匡》

上文是管仲答齐桓公“定民居、成民事”之问。简单说，就是怎样让老百姓安居乐业、各尽所能。2600年前，齐桓公看中管仲治国之才，想方设法，把管仲从鲁国要回齐国。抵达堂阜（今山东蒙阴县常路镇西下庄一带），鲍叔牙为之举行除灾禳福仪式。齐桓公亲自到郊外迎接，并问管仲为政之事。问如何让民众安居乐业、各尽所能时，管仲回答的一个重要原则，就是萃而州处。所谓萃而州处，简单说就是集中居处。《说文解字·艹部》：“萃，艹儿，从艹，卒声。”[①]指草木丛生之状。《说文解字·川部》：“州，水中可居曰州，

①〔汉〕许慎：《说文解字》，第17页。

周绕其旁，从重川。昔尧遭洪水，民居水中高土，或曰九州。诗曰：‘在河之州。’一曰，州，畴也，各畴其土而生之。”[①]指州是四周环水的可居高地。深入说，“萃而州处”就是一种早期区域治理思想。不能因为这种思想提法较早，就认为落后。实际上，从齐国无论都市还是乡村发展的富庶繁华程度来看，这种“萃而州处”的早期区域治理思想和实践，在当时历史条件下已相当成熟。诚如马克思《政治经济学批判》导言所说：“比较简单的范畴可以表现一个比较不发展的整体的处于支配地位的关系或者一个比较发展的整体的从属关系，这些关系在整体向着以一个比较具体的范畴表现出来的方面发展之前，在历史上已经存在”，[②]“而比较具体的范畴在一个比较不发展的社会形式中有过比较充分的发展”。[③]甚至“可以说，有一些十分发展的、但在历史上还不成熟的社会形式，其中有最高级的经济形式”。[④]简言之，“萃而州处”就属于这种高级形式，属于这种比较具体范畴。

一、萃而州处：区域建设重在收聚功能

区（區），甲骨文像很多（物品）藏在样器物中。金文将甲骨文字形写成“三包围”。篆文承续金文字形。造字本义是以器物收藏物品。隶书楷书继承篆文字形。简体汉字区，将简化成。《说文解字·匚部》：“区（區），踦区，藏匿也，从品在匚中。品，众也。”[⑤]《说文解字·匚部》：“匚，受物之器，象形，凡

①〔汉〕许慎：《说文解字》，第 239 页。
②《马克思恩格斯文集》第 8 卷，第 26 页。
③《马克思恩格斯文集》第 8 卷，第 27 页。
④《马克思恩格斯文集》第 8 卷，第 26 页。
⑤〔汉〕许慎：《说文解字》，第 268 页。

匚之属皆从匚，读若方。”[①]

域，本字是“或”。或，甲骨文=（戈，武力）+（口，城邑），表示武力保卫的城邑、疆域。当“或”的“城邑、疆域”本义消失后，金文将甲骨文字形写成，并加“土”（领地）另造“域”代替，强调有军队守护的独立领地。有金文“域”将象形字写成“土”，并加“八”（分界），强调领土分界。篆文将金文字形写成，“土”加“界”字形写成。篆文异体字在金文字形基础上省去。造字本义是武力守卫的一方疆土、城邦、国度。隶书将写成。《说文解字·戈部》：“或，邦也，从口，从戈，以守一。一，地也。域，或，又从土。”[②]

所以区域，重点是收聚功能。自小至大言之，是有特定收聚功能的器具、城邑、土地疆域。这种收聚功能的实现和发展，既可以促进器具、城邑、土地疆域自身以及关联领域专业化专门化水平提高，也依靠与之紧密相关的专门化专业化治理活动保障支撑。

《管子》对中国古代社会的职能分工是，士农工商。这也是我们今天熟知的四大分工。司马迁则在《史记·货殖列传》中引用《周书》记载，给出另一种分工，士农工商虞。他说：“夫山西饶材、竹、穀、纑、旄、玉石；山东多鱼、盐、漆、丝、声色；江南出枏、梓、姜、桂、金、锡、连、丹沙、犀、玳瑁、珠玑、齿革。龙门、碣石

①〔汉〕许慎：《说文解字》，第268页。
②〔汉〕许慎：《说文解字》，第267页。

北多马、牛、羊、旃裘、筋角；铜、铁则千里往往山出棋置，此其大较也。皆中国人民所喜好，谣俗被服饮食奉生送死之具也。故待农而食之，虞而出之，工而成之，商而通之。此宁有政教发征期会哉？人各任其能，竭其力，以得其所欲。……《周书》曰：'农不出则乏其食，工不出则乏其事，商不出则三宝绝，虞不出则财匮少。'匮少而山泽不辟矣。此四者，民所衣食之原也。原大则饶，原小则鲜。上则富国，下则富家。"[①]由此看，有士农工商虞五种职能分工。士人，知识文化的学习者、传播者、创造者、传承者、政治参与者、治理者。农人，种田人、农业生产者。工人，工匠、手工业者。商人，储蓄贩卖流通货物之人，又分行走贩卖之商，坐铺出售之贾。虞人，开发山林水泽资源之人、掌管资源开发之人。这与今天所讲的农业、采掘业、加工制造业、商业、运输业等分工并无实质区别，但今天行业分工已更加细化。从《史记·货殖列传》所载中国区域资源开发、功能演变看，每个区域并非只有一种单一职能分工，往往是各种职能分工的综合体，但也必有不同时空层次和范围等突出职能汇聚。太史公所记山西、山东、江南、碣石北（今河北昌黎北）等，乃至更细地带划分，反映的正是今天社会聚集与分工、区域功能发展的早期基础，正是马克思所说曾在历史上有过比较充分发展的、比较具体范畴。

二、积靡使然：区域发展有助塑造一体化环境

区域规模的要素聚集、功能运行，有助于形成良好外部环境，形成使人不得不为、必然而为、有助其为的形势条件。其道理在区域要素功能的能量规模底线、紧密相互作用。《荀子》对此解释说："积土而为山，积水而为海，旦暮积谓之岁。至高谓之天，至下谓之

①〔汉〕司马迁《史记·货殖列传第六十九》，第751页。

地，宇中六指谓之极；涂之人百姓，积善而全尽谓之圣人。彼求之而后得，为之而后成，积之而后高，尽之而后圣。故圣人也者，人之所积也。人积耨耕而为农夫，积斲削而为工匠，积反货而为商贾，积礼义而为君子。工匠之子莫不继事，而都国之民安习其服。居楚而楚，居越而越，居夏而夏，是非天性也，积靡使然也。”[①]在“积靡使然”累加效应下，形成代内代际功能生成与加强的环境条件、社会化过程，即“少而习焉，其心安焉，不见异物而迁焉。是故其父兄之教不肃而成；其子弟之学不劳而能”。[②]

区域要素在聚集到一定规模过程中，每个要素都不断感受到其他要素累加氛围影响，主动或被动做出“积靡使然”行为。一定区域积靡的各要素，既通过合作互补，也通过竞争压力，既通过代际传递，也通过代内传播，把其内在规定、本质相互加给对方和自己，形成更紧密的相互增强、整体增强、动态优化、代际优化趋势，实现群落一体抱团发展的综合效果，达到《荀子》所言“群居和一”[③]“和则一，一则多力，多力则强，强则胜物”目的。[④]现代功能区、区域一体化建设之义，即在于此。

所谓积（積），籀文積=禾（禾，谷物）+責（责，索取、要求），表示不断索要谷物。造字本义是累加储备粮食。篆文積承续籀文字形。隶书楷书積将篆文字形禾写成禾，責写成責。简体楷书积，用近音只代替責。《说文解字·禾部》：“积（積），聚也，从禾，责声。”[⑤]

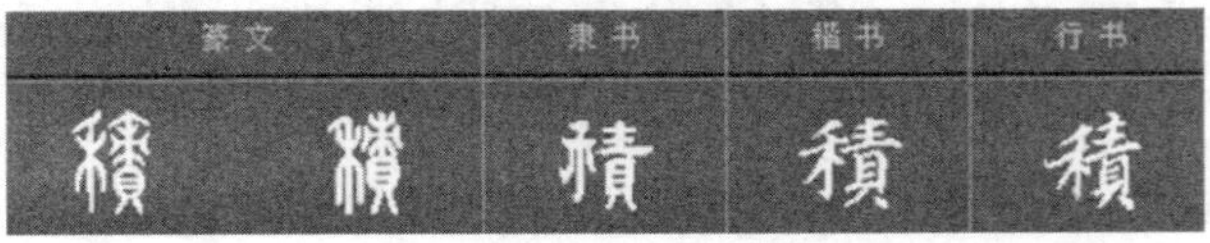

①《荀子·儒效》，第 110-111 页。
②《管子·小匡》，第 136 页。
③《荀子·荣辱》，第 51 页。
④《荀子·王制》，第 127 页。
⑤〔汉〕许慎撰：《说文解字》，第 142 页。

这里的“靡”，可指分散、消无之意。但据《管子》使用情境来看，也可通“摩”“磨”，有研磨、磨炼、消磨之意。[1]也可通“糜”，有《荀子》特指的扩散、融化、融合之意。《说文解字·非部》：“靡，披靡也，从非，麻声。”[2]

摩，篆文=（麻，“磨”的省略）+（手掌），造字本义是以掌代磨，略施暗力搓转。隶书楷书将篆文字形中的写成，将篆文字形中的“手”写成。《说文解字·手部》：“摩，研也，从手，麻声。”[3]

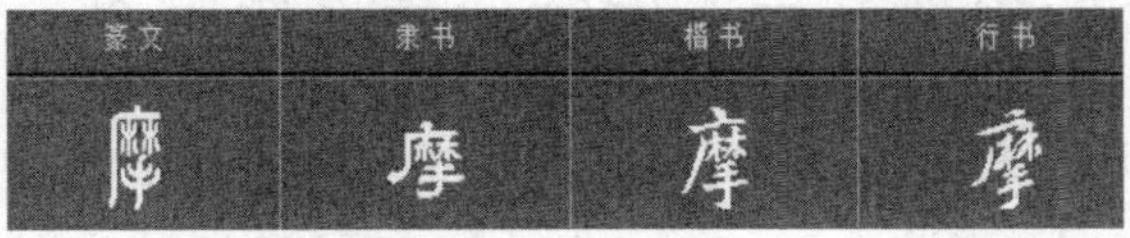

磨，籀文=（麻，粗糙）+（石盘），表示有粗粝槽纹的石盘。篆文承续籀文字形。造字本义是用两块凿有交错麻点的石盘组成石具，去壳或粉碎加工食物。隶书楷书将篆文字形写成，写成。《说文解字·石部》：“磨（䃺），石声也，从石，历声。”[4]或古文字为“礳”，《说文解字·石部》：“礳，石硙也，从石，靡声。”[5]

糜，篆文=（麻，“磨”的省略）+（米，黍米），表示磨碎黍米。造字本义是将1黍米磨碎或捣烂。隶书楷书将篆文字形写成，写成。《说文解字·米部》：“糜，糁也，从米，麻声。”[6]

---

①《管子·七法》，第61页。
②〔汉〕许慎：《说文解字》，第146页。
③〔汉〕许慎：《说文解字》，第256页。
④〔汉〕许慎：《说文解字》，第193页。
⑤〔汉〕许慎：《说文解字》，第193页。
⑥〔汉〕许慎：《说文解字》，第144页。

综合理解，所谓积靡，就是积聚而融合。是通过关联要素的聚集、累加，进而融合为一体的过程，既是积聚而成的性质渗透扩散于某一要素自身，更指某一要素融化整合于整体范畴，按照整体范畴需要发挥自身特殊功能。

三、交能易作：区域治理注重协调平衡

区域形成，并不表示各功能区域间失去联系，致使一个基于各区域之上的更大系统变成碎片。各功能区域承担并发挥特定主体功能，不可能穷天下各功能之极，一方面资源禀赋不同，即《荀子》言："土地形制不同者，械用备饰不可不异也。"[①]另一方面区域人力资源的知识、能力、信息、道德体系也都有限度，即《荀子》言"非能遍能人之所能""非能遍知人之所知""非能遍辩人之所辩""非能遍察人之所察"，因而"有所止矣"。[②]防止各功能区域的碎片化，其要在"交能易作"。所谓交能易作，一般解释为交换各行业劳动成果而相互获益。也有解释为交替轮换工作。

《管子》举例说："常山之东，河、汝之闲，蚤生而晚杀，五谷之所蕃熟也，四种而五获。中年亩二石，一夫为粟二百石。今也仓廪虚而民无积，农夫以粥子者，上无术以均之也。故先王使农士商工四民交能易作，终岁之利无道相过也。是以民作一而得均。"[③]

所谓交，甲骨文像一个人两腿左右错立。金文、篆文承续甲骨文字形。造字本义是反叉两腿站立。隶书变形，成为"六"、

①《荀子·正论》，第 285 页。
②《君子·儒效》，第 95 页。
③《管子·治国》，第 266 页。

“乂”组合，失人形。《说文解字·大部》：“交，交胫也，从大，象交形。凡交之属皆从交。”[①]

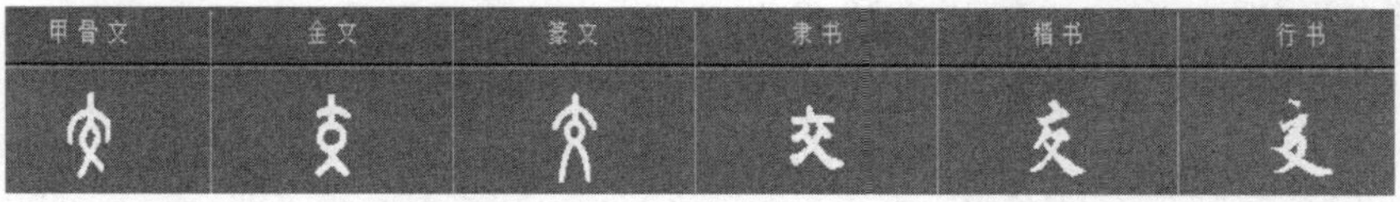

因此，交，即交叉、交错、交往之义。而对易，前已有述，更有交换、更换之义。所以“交能易作”，在区域治理中，不仅是区域内部各要素交叉交错交往、可以相互交换更替，而且是区域之间形成交叉交错交往、交换更替，内外都可从各种资源功能的交叉交错交往和交换更替中获益。如此交能易作，有可能实现旧功能的休养生息，亦可实现新功能的代替更生，形成良好循环提升。

最后，以孟子答学生彭更之问做一结尾。彭更问孟子带着学生队伍数百人吃遍各诸侯国过不过分?孟子的答案是“通功易事”。认为只要大家最终目的期望相同，道义价值追求相同，完全可以专业特长相互弥补相互促进，实现共同发展。基于此，通过各行业功能产品相互交换，以对整体的功能贡献确定自身性质定位，取得相应回报完全合理。对人来说，不同行业职业之间需要“通功易事”，对一个地方来说，不同区域内外又何尝不是如此呢？这可谓与“交能易作”有相通之处，对构筑主体功能突出但又开放包容的区域治理应当说有一定启发意义。

彭更问曰：“后车数十乘，从者数百人，以传食于诸侯，不以泰乎？”

孟子曰：“非其道，则一箪食不可受于人；如其道，则舜受尧之天下，不以为泰。子以为泰乎？”

①〔汉〕许慎：《说文解字》，第 213 页。

曰："否，士无事而食，不可也。"

曰："子不通功易事，以羡补不足，则农有馀粟，女有馀布；子如通之，则梓匠轮舆皆得食于子。于此有人焉，入则孝，出则悌，守先王之道，以待后之学者，而不得食于子，子何尊梓匠轮舆而轻为仁义者哉？"

曰："梓匠轮舆，其志将以求食也；君子之为道也，其志亦将以求食与？"

曰："子何以其志为哉？其有功于子，可食而食之矣。且子食志乎？食功乎？"

曰："食志。"

曰："有人于此，毁瓦画墁，其志将以求食也，则子食之乎？"

曰："否。"

曰："然则子非食志也，食功也。"

——《孟子·滕文公下》

题八

兴利除害：公共治理

昔者，桓公问管仲曰："寡人请问度地形而为国者，其何如而可？"管仲对曰："夷吾之所闻，能为霸王者，盖天子圣人也。故圣人之处国者，必于不倾之地，而择地形之肥饶者。乡山，左右经水若泽。内为落渠之写，因大川而注焉。乃以其天材、地之所生，利养其人，以育六畜。天下之人，皆归其德而惠其义。乃别制断之，州者谓之术，不满术者谓之里。故百家为里，里十为术，术十为州，州十为都，都十为霸国。不如霸国者，国也。以奉天子，天子有万诸侯也，其中有公侯伯子男焉。天子中而处，此谓因天之固，归地之利。内为之城，城外为之郭，郭外为之土阆，地高则沟之，下则堤之，命之曰金城。树以荆棘，上相穑著者，所以为固也。岁修增而毋已，时修增而毋已，福及孙子，此谓人命万世无穷之利，人君之葆守也。臣服之以尽忠于君，君体有之以临天下，故能为天下之民先也。此宰之任，则臣之义也。故善为国者，必先除其五害，人乃终身无患害而孝慈焉。”

桓公曰：“愿闻五害之说。”管仲对曰：“水，一害也；旱，一害也；风雾雹霜，一害也；厉，一害也；虫，一害也。此谓五害。五害之属，水最为大。五害已除，人乃可治。”

——《管子·度地》

《管子》曾说：“先王者，善为民兴利除害，故天下归之。”[①]《荀子》则进一步说：“兴天下同利，除天下同害，则天下归之。”[②]但究竟兴何利、除何害?同何利、同何害?实际内容，古代先贤智者对我们示之再三。如上文资料所示，2600年前，齐桓公向管仲请教如何根据地理特点建邦兴国时，管仲提出“五害”之说。并且把水害视为最害，反过来说，也以水利为最利。他说：“导水潦，利陂沟，决潘渚，溃泥滞，通郁闭，慎津梁，此谓遗之以利。”[③]因为“地者，万物之本原，诸生之根菀也”；[④]而“水者，地之血气，如筋脉之通流者也”，更是“万物之本原也，诸生之宗室也”。[⑤]水是农业、粮食基础，水的问题解决好了，才真是“福及子孙”“人命万事无穷之利”。[⑥]除自然环境资源问题外，人类社会本身还产生系列内部分争问题，即《管子》言“盗贼不胜，邪乱不止，强劫弱，众暴寡，此天下之所忧、万民之所患也。忧患不除，则民不安其居。民不安其居，则民绝望于上矣”。[⑦]因此纵观历史，由于人始终未能摆脱环境—财富—生命形态变换关系，未能根本摆脱群体动物特性、类特性，以及

①《管子·治国》，第267页。
②《荀子·王霸》，第184页。
③《管子·五辅》，第71页。
④《管子·水地》，第211页。
⑤《管子·水地》，第217页。
⑥《管子·度地》，第325页。
⑦《管子·正世》，第258-259页。

人性演化之缓慢，与自然环境——财富——生命安全有健康有关的同利同害之基本要义，自古及今未变。但人类兴同利除同害的方式手段在不断进步。有关同利同害如何兴如何除的治理问题，恰是公共治理的重要议题。除边关防务、学校教育等公共安全、公共知识问题外，自大禹治水以来，治理河汉江淮——黄河、汉水、长江、淮河等治水工程、各种修渠工程就是较为明显的公共治理代表性案例，此处由管子所言五害起题，选取汉时治理黄河案例进一步说明相关公共治理议题。

一、审时举事以事动民：公共治理重在当时而动

“公共”之义，前文已有述及。在研究公共行政时，美国行政学者德怀特·沃尔多对“公共”之义，则是从结构—功能和文化概念视角进行解释的。认为从结构—功能视角看，“公共”表明了任何社会中行政系统必需的共有标准——与人类群体生活特性相联系的制度、行为，即群体生活结构所当然具有的强制性、礼仪性、象征性的功能内容，能够看出一切社会中“公共”的普遍或永久含义。从文化概念角度分析，“公共”则表明人的信仰与社会行为方式的可塑性，能够看出或应当尊重处理各种关系事务的多样性选择。[①]实际上，两个角度整合后在行为尺度上所展现的，不论对于任何行政系统而言，或此处公共治理而言，就在于根据具体时空情境或实际条件的民众动员活动、民众集体行动。如果不能依形势变化有效动员民众影响民众、形成集体行动力量，则任何结构的强制性、礼仪性、象征性功能就此失去意义。

恰如《管子》所言：“审时以举事，以事动民，以民动国，以国

① [美]德怀特·沃尔多：《什么是公共行政学》，第192-194页。

动天下。天下动，然后功名可成也。”[①]公共治理的重要意义，可以说是在于通过兴办大事，形成动员民众的能力和作用结果——一种集体行动、共同体行动结果。

这其中有两个重要因素需要注意。一是时，二是动。对公共治理的公共大事，要当时而动、审时而动。而且动与静辩证相生，对作为当事者、行事者的人来说，就是与时偕行、与时休息。

时（時），甲骨文旹=止（止，行进）+日（日，太阳），表示太阳运行。造字本义是太阳运行的节奏、季节。金文旹将甲骨文字形“止”止写成之。籀文旹承续金文字形。篆文時将籀文字形上下结构调整成左右结构，并加“寸”寸（抓持），表示力图抓住易逝光阴。隶书楷书時将篆文字形寺写成寺，“止”止写成“土”土。简体汉字简化为时。四季为“时”，一天为“日”。《说文解字·日部》：“时（時），四时也，从日，寺声。旹，古文时，从之日。”[②]

甲骨文	金文	篆文		隶书	楷书	行书
旹	旹	旹	時	時	時	時

动（動），金文動=童（以辛、辛“辛”即刀划于目“目”代表的人，古代表示男性奴仆，常为有罪之人、负罪之身）+重（重，形似人背两头紧扎的包袱口袋走在地上），表示男奴负重驮物。有金文DISPLAY=辵（辵，行进）+重（重，人背负包袱口袋走在地上），突出负重行进的“运输”主题。篆文動=重（重，人背负包袱口袋走在地上）+力（力），强调使用体力。造字本义是使用体力、负重劳作。隶书楷书動将篆文字形重写成重，力写成力。简体汉字动，将重简化成云。《说文解字·力部》：“动（動），作也，从力，重声。连，古文动从辵。”[③]

①《管子·五辅》，第76页。
②〔汉〕许慎：《说文解字》，第134页。
③〔汉〕许慎：《说文解字》，第294页。

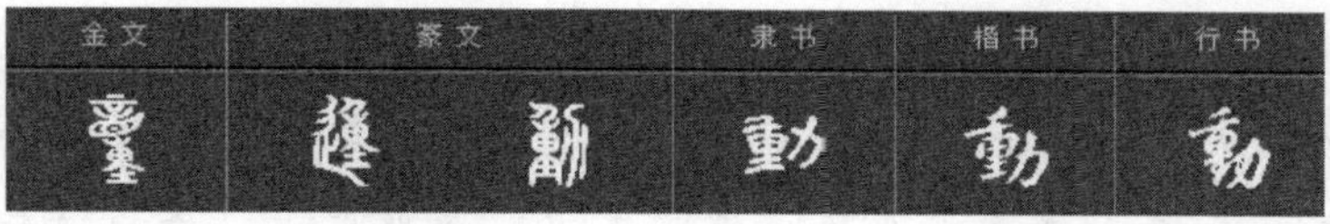

事，是史、吏、使的同源字，甲骨文=（干，上端有叉的捕猎或作战武器）+（又，手执、抓持），表示古人以捕猎、作战为事。金文直接把手和干柄结合在一起。史、吏、使都与事同源与事有关。古代称博学记事的文职官员为“史”，治人办事的行政管理官员为“吏”，以事任人、给人派事为“使”。《说文解字·叉部》：“事，职也，从史，之省声。”[①]

因此，大事的兴办，是所有人生产生活的基础，所有人都难以置身其外。围绕公共大事的兴办，必须抓住有利时机，全体动员各尽其力。时机一过，则动员难再，并且应特别注意，兴办大事，必负重耗力，为持久计、再兴计，当顺时与人休息，尤要避免“劳政多怨民”现象发生。[②]

汉武帝时，黄河数次决口改道。仅公元前 132 年，黄河水就两次决口。春天决口于顿丘（今河南濮阳市清丰县西南），夏天又决口于濮阳瓠子（今河南濮阳市西南），注入钜野湖泽（今山东省巨野县北），连通淮河与泗水，沿途十六郡受灾。汉武帝曾派大臣汲黯和郑当时征发十万士兵堵塞黄河决口，但不久又被洪水冲毁。汉武帝听信谗言邪说，迷信方术，认为是天数，堵塞决口未必符合天意，二十余年听任决口水患。直到二十年后祭祀泰山而回发现水害之大，才终于下定决心将决口堵住，梁、楚等地复得安宁。

---

①〔汉〕许慎：《说文解字》，第 59 页。

②中国人民解放军军事科学院军事学院古代兵法译注组编：《黄石公三略译注》，第 26 页。

初，河决瓠子，后二十馀岁不复塞，梁、楚之地尤被其害。是岁，上使汲仁、郭昌二卿发卒数万人塞瓠子河决。天子自泰山还，自临决河，沈白马、玉璧于河，令群臣、从官自将军以下皆负薪，卒填决河。筑宫其上，名曰宣防宫。导河北行二渠，复禹旧迹，而梁、楚之地复宁，无水灾。

——《资治通鉴·汉纪十三》

当初担忧工程不成功，汉武帝曾作“瓠子歌”两首，一曰：“瓠子决兮将奈何？皓皓旰旰兮闾殚为河！殚为河兮地不得宁，功无已时兮吾山平。吾山平兮钜野溢，鱼沸郁兮柏冬日。延道弛兮离常流，蛟龙骋兮方远游。归旧川兮神哉沛，不封禅兮安知外！为我谓河伯兮何不仁，泛滥不止兮愁吾人？啮桑浮兮淮、泗满，久不反兮水维缓。”[①]又曰：“河汤汤兮激潺湲，北渡污兮浚流难。搴长茭兮沈美玉，河伯许兮薪不属。薪不属兮卫人罪，烧萧条兮噫乎何以御水！颓林竹兮楗石菑，宣房塞兮万福来。”[②]瓠子治水成功，激起全国修渠工程热潮，关中、河西、酒泉、泰山、九江等地纷纷修筑大型引河引水工程，各地开沟渠筑山坝等小型工程不可胜数，对灌溉农田发展农业等起到重要作用。

太史公司马迁也参与了这次重大工程。并记述说：“甚哉，水之为利害也！余从负薪塞宣房，悲瓠子之诗而作河渠书。”[③]

后来至汉成帝、汉哀帝甚至王莽时期，黄河又曾多次决口于馆陶（今河北邯郸市馆陶县）、灵县鸣犊堤（今山东省聊城市高唐县）、东郡金堤（今河南省濮阳市南）等处。汉哀帝公元前 7 年，委派骑都尉平当主管治理河堤事务，根据平当建议，广泛征求浚川疏河能

①〔汉〕司马迁：《史记·河渠书第七》，第 180 页。
②〔汉〕司马迁：《史记·河渠书第七》，第 180-181 页。
③〔汉〕司马迁：《史记·河渠书第七》，第 181 页。

人。待召贾让上奏治河“上中下”三策。其上策是，搬迁冀州（今河北衡水市）洪泛区人民，决开黎阳遮害亭（今河南鹤壁市浚县西南）堤坝，放黄河水向北流入渤海。该策之法，可谓审时度势、以事动民。通过把河道附近居民搬迁至安全宜居地带，用治河经费补偿安置移民，在更大格局空间内规划疏导黄河水，实现民生与事功的协调配合。虽然要付出毁坏占用上万城郭、田舍、坟墓代价，但与每年都要付出数亿计河堤整修费用，一旦决堤仍不免毁坏上万城郭、田舍、坟墓和人民生命财产的代价、风险相比，可谓获功大矣。其特点是梳理黄河治水历史脉络，系统考察人、河、时空关系，权衡机会成本，转换思维打通堵点，构建泄洪区，采取经济补偿代换方式促进移民安置，以“民安河定”思路，达到“河定民安”结果。贾让的治水思想，无疑对后世对今天水利工作，甚至公共工程治理具有重要影响和借鉴作用。

骑都尉平当使领河堤，奏：“九河今皆寘灭。按经义，治水有决河深川而无堤防壅塞之文。河从魏郡以东北多溢决，水迹难以分明，四海之众不可诬。宜博求能浚川疏河者。”上从之。

待诏贾让奏言：“治河有上、中、下策。古者立国居民，疆理土地，必遗川泽之分，度水势所不及。大川无防，小水得入，陂障卑下，以为污泽，使秋水多得其所休息，左右游波宽缓而不迫。夫土之有川，犹人之有口也，治土而防其川，犹止儿啼而塞其口，岂不遽止，然其死可立而待乜。故曰：‘善为川者决之使道，善为民者宣之使言。’盖堤防之作，近起战国，雍防百川，各以自利。齐与赵、魏以河为竟，赵、魏濒山，齐地卑下，作堤去河二十五里，河水东抵齐堤则西泛赵、魏；赵、魏亦为堤，去河二十五里，虽非其正，水尚有所游荡。时至而去，则填淤肥美，民耕田之；或久无害，稍筑宫宅，遂成聚落；大水时至，漂没，则更起堤防以自救，稍去其城郭，排水泽而居之，湛溺自其宜也。今堤防，狭者去水数百步，远者数里，于故大堤之内复有数重，民居其间，此皆前世所排也。河从河内黎阳至魏郡昭阳，东西互有石堤，激水使还，百馀里间，河再西三东，迫厄如此，不得安息。

“今行上策，徙冀州之民当水冲者，决黎阳遮害亭，放河使北入海；河西薄大山，东薄金堤，势不能远泛滥，期月自定。难者将曰：‘若如此，败坏城郭、田庐、冢墓以万数，百姓怨恨。’昔大禹治水，山陵当路者毁之，故凿龙门，辟伊阙，析底柱，破碣石，堕断天地之性，此乃人功所造，何足言也！今濒河十郡，治堤岁费且万万；及其大决，所残无数。如出数年治河之费以业所徙之民，遵古圣之法，定山川之位，使神人各处其所而不相奸；且以大汉方制万里，岂其与水争咫尺之地哉！此功一立，河定民安，千载无患，故谓之上策。

“若乃多穿漕渠于冀州地，使民得以溉田，分杀水怒，虽非圣人法，然也救败术也。可从淇口以东为石堤，多张水门。恐议者疑河大川难禁制，荥阳漕渠足以卜之。冀州渠首尽，当仰此水门，诸渠皆往往股引取之：旱则开东方下水门，溉冀州；水则开西方高门，分河流，民田适治，河堤亦成。此诚富国安民、兴利除害，支数百岁，故谓之中策。

“若乃缮完故堤，增卑倍薄，劳费无已，数逢其害，此最下策也。”

——《资治通鉴·汉纪二十五》

在上书中，贾让借鉴吸取了“善为川者决之使道，善为民者宣之使言”的治理思想。[①]对优秀治水专家来说，是善于疏导水势。对

①〔宋〕司马光编撰：《资治通鉴·汉纪二十五》，第 1270 页。

杰出政治家、治理者而言，是善于疏导民众怨气、畅所欲言。既然是公共工程、公共治理，事关国家民族宏观长远大计，更与每个人具体利益息息相关，对于公共工程事务或公共治理来说，善于构建公开、良好的意见渠道、建议机制、参与氛围，就非常重要。它不仅能排除阻力，吸收优秀做法，更可以充分动员各种智慧、力量，有助于全方位锤炼养成一个国家和民族的实际凝聚力、发展能力，真正实现“以事动民，以民动国，以国动天下”。

二、善兼物物能精物物：公共治理需多层次优秀人才配合

公共治理领域多为专业技术复杂领域，离不开各层次优秀人才配合。在技术性上，离不开科学技术专家。在组织上，离不开项目管理执行人员。总体上，需有全局长远视野审视。具体上，需有精益求精、匠心独运操作。《荀子》说：“农精于田而不可以为田师，贾精于市而不可以为市师，工精于器而不可以为器师。有人也，不能此三技而可使治三官，曰：精于道者也，非精于物者也。精于物者以物物，精于道者兼物物。”[①]可以说是对宏观规划、精益操作、科学技术与组织管理等各层优秀人才配合使用的一种警醒。

汉朝治水历史，不仅涌现出贾让这样能够宏观把握治水大局、脉络趋势、内在规律的规划专家，同样不乏具有匠心精神与专业能力的技术专家、管理专家。

> 春，杜钦荐犍为王延世于王凤，使塞决河。凤以延世为河堤使者。延世以竹落长四丈，大九围，盛以小石，两船夹载而下之。三十六日，河堤成。三月，诏以延世为光禄大夫，秩中

①《荀子·解蔽》，第346-347页。

二千石，赐爵关内侯、黄金百斤。

——《资治通鉴·汉纪二十二》

汉成帝公元前 28 年春天，犍为资中人（今四川资阳）王延世被举荐为治理黄河决口工程的河堤使者，专门负责堵塞黄河决口工程。王延世是优秀治水工程专家，他命人用竹子编成四丈长的竹篱笆，做成九人合抱的竹筐，里面装上小石头，用两条船夹着搬运将之沉入黄河决口处，用了三十六天将河堤修好。因功被汉成帝任命为光禄大夫，封为关内侯。

三、兼利天下：公共治理当利业利民

公共治理以公共工程项目为基础，不是一次性或仪式性形象工程。对整个治理体系言，公共工程项目是一国综合实力能力表现，牵涉到上下游相关产业行业运行。因此，应通过公共工程项目平台，拓展构建以事动民、兴民、兴业的产业行业体系，达到兼利天下、兴天下同利的放大效果。

汉平帝公元 4 年，王莽主政，征召能够治理黄河的人才一百余位。但各人主张并不相同。有主张进一步构建泄洪区者，有主张根据大禹时期记载的黄河故道继续挖掘者，有主张迁移平地百姓、人工开凿河道者。主持讨论的大司空掾沛国相县人（今安徽淮北市相山区）桓谭则认为，只要详细考察，这些主张肯定有一个是对的。计划既定而后采取行动，费用不过数亿万，而且可以使一些无产业的人找到工作。他们通过参加治理工程，可以从国家得到衣食，对国家和百姓都有好处。但当时的主政者王莽好空向虚，未能施行。司马光在《资治通鉴》中对此做了详细描述。

又征能治河者以百数，其大略异者，长水校尉平陵关并言：“河决率常于平原、东郡左右，其地形下而土疏恶。闻禹治河时，本空此地，以为水猥盛则放溢，少稍自索，虽时易处，犹不能离此。上古难识，近察秦、汉以来，河决曹、卫之域，其南北不过百八十里。可空此地，勿以为官亭、民室而已。”御史临淮韩牧以为：“可略于《禹贡》九河处穿之，纵不能为九，但为四、五，宜有益。”大司空掾王横言：“河入勃海地，高于韩牧所欲穿处。往者天尝连雨，东北风，海水溢西南出，浸数百里，九河之地已为海所渐矣。禹之行河水，本随西山下东北去。《周谱》云：‘定王五年，河徙。’则今所行非禹之所穿也。又秦攻魏，决河灌其都，决处遂大，不可复补。宜却徙完平处更开空，使缘西山足，乘高地而东北入海，乃无水灾。”司空掾沛国桓谭典其议，为甄丰言：“凡此数者，必有一是；宜详考验，皆可豫见。计定然后举事，费不过数亿万，亦可以事诸浮食无产业民。空居与行役，同当衣食，衣食县官而为之作，乃两便，可以上继禹功，下除民疾。”时莽但崇空语，无施行者。

——《资治通鉴·汉纪二十八》

题 九

九惠之教：社会治理

入国四旬，五行九惠之教。一曰老老，二曰慈幼，三曰恤孤，四曰养疾，五曰合独，六曰问疾，七曰通穷，八曰振困，九曰接绝。

——《管子·入国》

2600年前，管子相齐桓公，才短短四十天，就接连五次专门督行一系列惠民政策。分别是敬老、爱幼、抚养孤儿、帮助残障、慰问病人、帮合婚姻、扶贫、赈济灾困、抚恤遗属等九项政策。而且，各项事务都要分别设立掌老、掌幼、掌孤、掌疾、掌媒、掌病、通穷等专门负责官员。通过“九惠之教”机制，扶助弱势群体，顺次化解社会积敝矛盾。今天看来，此即典型社会救济事务，是社会治理的重要内容。

一、予之为取：社会治理惠教并行

《管子》云："政之所兴，在顺民心；政之所废，在逆民心。民恶忧劳，我佚乐之；民恶贫贱，我富贵之；民恶危坠，我存安之；民恶灭绝，我生育之。能佚乐之，则民为之忧劳；能富贵之，则民为之贫贱；能存安之，则民为之危坠；能生育之，则民为之灭绝。……故从其四欲，则远者自亲；行其四恶，则近者叛之。故知予之为取者，政之宝也。"[①]古代先贤智者对人之"恶"与"欲'的整体判断，几千年来仍不过时。从治理视角看，顺所欲而予，一是治理对象所需，二是治理问题所在，三是精准治理所向，四是治理各方获得支持认同的必然条件。这样的"予"，实质是相互给予或贡献。只有相互给予、贡献，才能形成社会集体存在、类存在、类生活的必要基础。

所谓社，金文=（示，祭祀敬神）+（木，树，借代植物、地上生长的万物）+（土，土墩、土台），造字本义是为祭拜土地神专设土台，台上种植象征大地滋生力量之树木。籀文承续金文字形。篆文省去籀文字形"木"，突出祭拜土地神含义。隶书楷书将篆文字形"示"写成。古籍常"社稷"并用，"社"逐渐由表示种植树木、专供聚落祭拜土地神的土台，演化为代指土地神；"稷"逐渐由表示高粱为主的庄稼，演化为代指五谷神。《说文解字·示部》"社，地主也，从示、土。《春秋传》曰：'共工之子句龙为社神。'周礼：二十五家为社，各树其土所宜之木。，古文社。"[②]

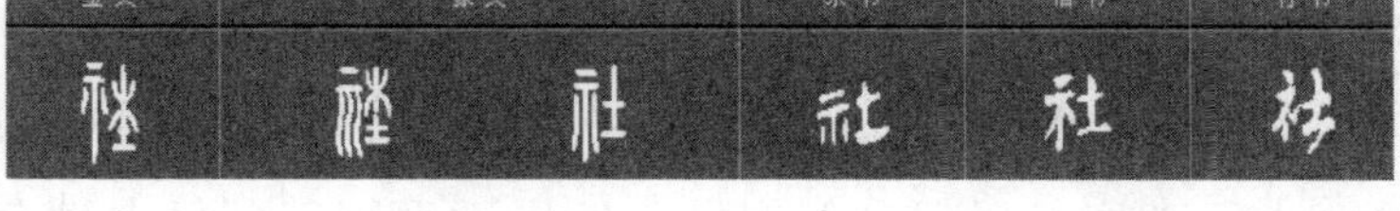

①《管子·牧民》，第5-6页。
②〔汉〕许慎：《说文解字》，第3页。

所谓会（會），金文=（上为盖，下为一体化的烧柴器物，即锅和烧火炉口，）+（以箅子放置所蒸食物），器物整体构成蒸器“甑”，并在甑中放置食物，盖上盖子蒸煮。有金文将食物、箅子进一步联结成，明确“合煮”烹调含义。造字本义是使用蒸器“甑”的各种工具合同食物一起烹煮。篆文将金文字形写成，将金文字形下端“口”写成“曰”。隶书基本承续篆文字形。当“会”的“合煮”本义消失后，再加“火”另造“燴”代替，强调炊煮含义。表本义时，古籍多以“燴”代“会”。表“相遇、聚集”及相关引申义时，多以“会”代“徻”。今汉字直接简化以会合并代“徻”。《说文解字·亼部》：“会（會），合也，从亼，从曾省。曾，益也，彸，古文会如此。”[①]

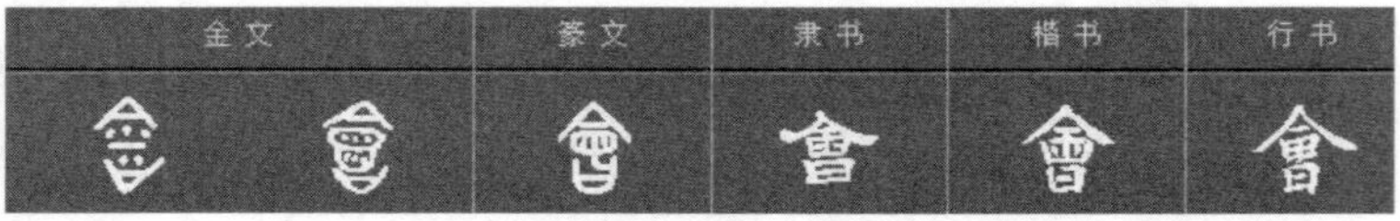

所以社会，是人们因同根同源同需求同目标的相互联系、共同事务开展的集体组织活动，结成的集体组织形式。其中，每一构成要素都要基于共同根源、共同目标和相互需求而密切配合，给予或贡献相应物质、知识、能力。比喻言之，恰似人身各部器官因相互功能配合而构成人的有机形体，这些器官由同一细胞源头进化、分化、发育而来，也因同一源头的特性约束而无法最终分离存在。这些不同器官及其功能运行，正是为了在更高级形式上有效实现原生细胞所欲达到的生存发展目的。

可以说，不论在生产力和生产水平不高、财富基础不强的古代，还是生产力已高度发展但分配问题、发展不平衡问题仍大量存在的

①〔汉〕许慎：《说文解字》，第 104 页。

现代，基于社会救济、扶助弱势为主要途径的给予政策，或“九惠之教”，始终是政府开展社会治理、维护社会稳定的重要方式。但社会治理中给予政策的实施，并不限于“惠”本身，而是惠、教同行。

所谓惠，金文=（叀，纺纱转轮，借指纺织）+（心，表示善良温柔、心有灵思），表示女子善于纺纱织布、操持家务。造字本义是女子心灵手巧，且心地美好与人为善。篆文承续金文字形。隶书将篆文字形写成，将写成。古人称男子善于组织事务管理为“贤”，女子心灵手巧慈爱为“惠”。《说文解字·叀部》：“惠，仁也，从心，从叀。”[1]

所谓教（敎），甲骨文=（爻，算筹）+（子，孩童）+（攴，手持鞭子、棍杖等敲打），表示严厉督促儿童学习算术。金文省去“子”。有籀文用“心”代“攴”，强调“教”者启发蒙童心智。有籀文承续金文字形。篆文承续甲骨文字形。造字本义是用体罚等严厉手段训导孩子学习。隶书楷书将篆文字形写成，写成。《说文解字·攴部》：“教（敎），上所施下所效也，从攴，从孝。凡教之属皆从教。，古文教。，亦古文教。”[2]

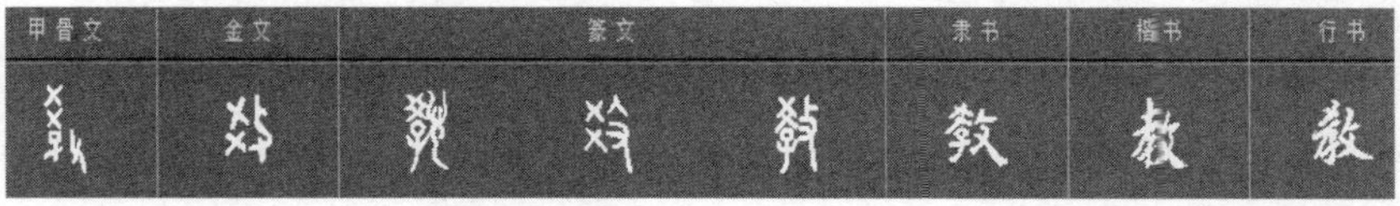

因此，惠教并行，不仅在顺民心前提下以惠为予，给予物质帮扶；更要通过“惠”的过程，给予知识、能力、思想上的教化提升。

---

①〔汉〕许慎：《说文解字》，第 78 页。
②〔汉〕许慎：《说文解字》，第 64 页。

由此，使民众在物质、能力、思想等方面得到系统改善，达到自力、尊严与实现自我价值的条件和水平。

二、事在专诚：社会治理重在专心诚信

《荀子》说："夫诚者，君子之所守也，而政事之本也。唯所居以其类至，操之则得之，舍之则失之。操而得之则轻，轻则独行，独行而不舍则济矣。济而材尽，长迁而不反其初，则化矣。"①精诚所至，金石为开。通过诚实、执着、专心努力，才能形成有效感化、影响，使人的自然本性逐步得到规约，社会文明性得到改善提升并向自然本性转化沉淀。

所谓诚（誠），金文誠=成（成，实现、达到）+言（言，承诺），表示实现诺言。造字本义是信守诺言，真心实意。篆文誠将金文字形"言"言写成言，"成"成写成成。隶书誠将篆文字形"言"言简写成言，成写成成。简体汉字简化为诚，言简化成讠。《说文解字·言部》："诚（誠），信也，从言，成声。"②

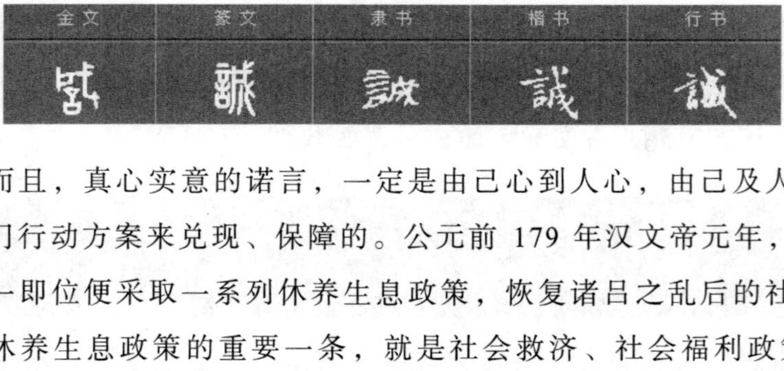

而且，真心实意的诺言，一定是由己心到人心，由己及人，通过专门行动方案来兑现、保障的。公元前 179 年汉文帝元年，汉文帝甫一即位便采取一系列休养生息政策，恢复诸吕之乱后的社会秩序。休养生息政策的重要一条，就是社会救济、社会福利政策。3 月份，汉文帝下诏救济鳏、寡、孤、独、穷困之人，特别推出优恤

①《荀子·不苟》，第 32 页。

②〔汉〕许慎：《说文解字》，第 47 页。

老年人的“养老令”。《资治通鉴》简述其策，《汉书》则详细记载了汉文帝的言行活动，并折射出其忧心如焚的心理状态。他要求对八十岁以上老人，每月派掌管民政及司法的官员“啬夫”、干事或办事员“令史”等人，送给米、肉、酒，米一石、肉二十斤、酒五斗；九十岁以上老人，加赐帛、絮，由县丞或县尉亲自送到。专事专办，诚心诚意，“文景之治”的出现成为一种必然。公元前157年景帝继位后也是一如既往，经过文帝、景帝父子两代人休养生息，到公元前141年汉武帝继位时，汉朝国力已臻强盛。

（三月），诏振贷鳏、寡、孤、独、穷困之人。又令：“八十已上，月赐米、肉、酒；九十已上，加赐帛、絮。赐物当禀鬻米者，长吏阅视，丞若尉致；不满九十，啬夫、令史致；二千石遣都吏循行，不称者督之。”

——《资治通鉴·汉纪五》

诏曰：“方春和时，草木群生之物皆有以自乐，而吾百姓鳏寡孤独穷困之人或阽于死亡，而莫之省忧，为民父母将何如？其议所以振贷之。”又曰：“老者非帛不暖，非肉不饱。今岁首，不时使人存问长老，又无布帛酒肉之赐，将何以佐天下子孙孝养其亲？今闻吏禀当受鬻者，或以陈粟，岂称养老之意哉！具为令。”有司请令县道，年八十已上，赐米人月一石，肉二十斤，酒五斗。其九十已上，又赐帛人二疋（同匹），絮三斤。赐物及当禀粥米者，长吏阅视，丞若尉致。不满九十，啬夫、令史致。二千石遣都吏循行，不称者督之。刑者及有罪耐以上，不用此令。

——《汉书·文帝纪》

三、以家观家：社会治理效果从底层检验

除上文所举之例，当前狭义的社会治理，一般被视为教育、科学、文化、卫生、民政、人口、社会矛盾等各方面问题的解决过程。即使从狭义角度看，由于这些问题所处时空范围、层次、对象、功能领域的高度差异性、相互交织性，实际上已成一种极为复杂的治理过程。或者说，社会治理效果是各功能领域政策的综合结果。从结构功能视角剖析，如前所述，社会功能领域的系统分布犹如人身机体的功能器官系统一样。

社会治理效果如何，不能仅从整体状态判断，更要从构成社会有机体、协同产生整体功能的器官系统，甚至跨过功能传动系统，直至产生功能动力的器官本身检验。老子说："以身观身，以家观家，以乡观乡，以邦观邦，以天下观天下。"①意在以修身之道观察某身，以合家之道观察某家，以治乡之道观察一乡，以治国之道观察一国，以治天下之道观察天下；即指良法必有善果，依靠朴德善治方法就可断定良好治理结果可能性。但一切仍要通过事实验证，也不妨逆推，通过观察身、家、乡、国、天下的实际状况检验治理方法适当性。政策效果好坏、政策问题有无，可直接从政策作用对象本身效应、从政策执行结构底层观察。由此，要知道一省的社会治理如何，应到一乡观察；要知道一县的社会治理如何，应当到一村一组观察；要知道一镇的社会状态如何，应到一家一人观察。正如《管子》所云："民之观也察矣，不可逃遁以为不善。"②

所谓家，甲骨文=（宀，房屋）+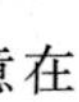（豕，猪），表示屋里养着一头大腹便便的猪。有甲骨文将猪形简化成。猪是温顺、繁

①《道德经》，第 118 页。
②《管子·小称》，第 183 页。

殖力旺盛的动物，是人类重要的蛋白质和脂肪来源，对古人来说圈养生猪能提供食物安全感，因此蓄养生猪便成了定居生活的标志，现在还有少数保留古风的客家人在居所内圈养生猪。造字本义是蓄养生猪的稳定居所。金文突出了的尾巴形象。篆文承续金文字形。隶书将篆文字形写成，写成。今简体汉字简化为家。《说文解字·宀部》：“家，居也，从宀，玃省声。，古文家。”①

所谓观（觀），本字是雚，甲骨文字形像长着两只大眼的大鸟，两只大眼之上是夸张醒目的眉羽，整个字形类似猫头鹰等大眼睛猛禽。造字本义是猫头鹰等猛禽瞪大锐眼警觉察看。金文承续甲骨文字形。也有金文再加“见”另造“观”，强调猛禽大眼“无所不见”的洞察力。篆文承续金文字形。隶书楷书将篆文字形写成，写成。今简体汉字观，将简写成，简写成。《说文解字·见部》：“观（觀），谛视也，从见，雚声。”②

所谓察，篆文=（宀，庙宇）+（祭，祭祀），表示庙宇祭祀活动。造字本义是审视细究祭祀显示的神迹。隶书楷书将篆文字形写成，写成。《说文解字·宀部》：“察，覆也，从宀、祭。”③

① [汉]许慎撰：《说文解字》，第 147 页。
②〔汉〕许慎：《说文解字》，第 175 页。
③〔汉〕许慎：《说文解字》，第 147 页。

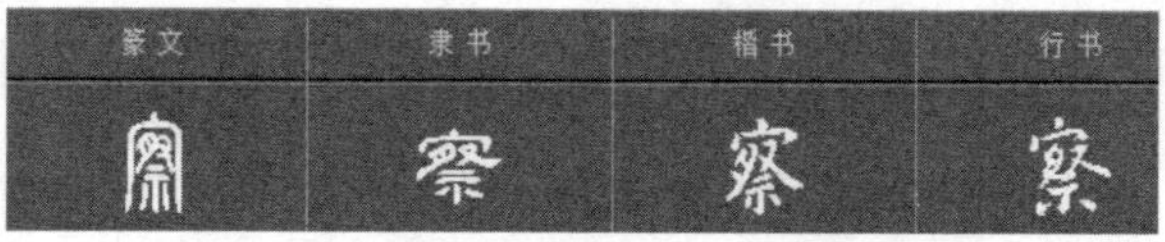

所以观察，必有锐利眼睛能够洞察活动痕迹，为准确计划与行动提供切入点，必须“以家观家”，到生活与活动的最基层、底层或直接现场察看结果效果。

所谓检（檢），金文檢=木（木，札、简册）+僉（僉，即“簽”、签，密集排列的牙齿或齿状物标记），表示标记简册位置的题签木片，造字本义是以木片标记提要和位置以便核查简册所注内容。篆文檢将金文字形僉写成僉。隶书楷书檢将篆文字形木写成木，僉写成僉。今简体汉字检，将僉简化成佥。《说文解字·木部》：“检（檢），书署也，从木，佥声。”①

所谓验（驗），篆文驗=馬（马，力畜）+僉（核查马口腔内密集排列的牙齿）。造字本义是相马师检查测试马匹。隶书驗将篆文馬的四足写成“四点底”灬。隶书楷书驗将篆文字形馬写成馬，“佥”僉写成僉。简体汉字验，将馬简化成马，僉简化成佥。《说文解字·马部》：“验（驗），马名，从马，佥声。”②

所以检验，必能根据特定要点和要求，对事物内在特性与功能情况进行核查测试，凭此线索当可判断相应关系人的操作水平。

①〔汉〕许慎：《说文解字》，第 119 页。

②〔汉〕许慎：《说文解字》，第 199 页。

对社会政策的观察检验，必须找到可靠的观察切入点和轨迹依据。从根本上说，家庭是构成社会的基本细胞。最小的、实质性的社会单位莫过于家庭，真正的个人并非孤立的个人，起码要在最小的社会单位——家庭中才产生实质社会意义。因此社会治理最终要以家庭为观察对象，构建指标、检验效果。诚如俗语所示，家和万事兴，正是家庭作为社会治理观察检验对象的最好说明。

题十

防祸未萌：危机治理

初，孝文时，吴太子入见，得侍皇太子饮、博。吴太子博争道，不恭；皇太子引博局提吴太子，杀之。遣其丧归葬，至吴，吴王愠曰："天下同宗，死长安即葬长安，何必来葬为！"复遣丧之长安葬。吴王由此稍失藩臣之礼，称疾不朝。京师知其以子故，系治、验问吴使者；吴王恐，始有反谋。后使人为秋请，文帝复问之，使者对曰："王实不病；汉系治使者数辈，吴王恐，以故遂称病。夫'察见渊中鱼不祥'，唯上弃前过，与之更始。"于是文帝乃赦吴使者，归之，而赐吴王几杖，老，不朝。吴得释其罪，谋亦益解。然其居国，以铜、盐故，百姓无赋；卒践更，辄予平贾；岁时存问茂材，赏赐闾里；他郡国吏欲来捕亡人者，公共禁弗予。如此者四十馀年。

——《资治通鉴·汉纪八》

汉景帝即位三年，公元前 154 年，吴王刘濞率先叛乱，胶西、胶东、淄川、济南、楚、赵等六国亦反，史称"七国之乱"，也是汉朝“诸吕之乱”后又一次重大危机。实际上，刘濞叛乱早有前兆，根源在汉景帝做皇太子时与吴国太子刘贤的一次棋局争斗，结果失手将刘贤致死，而吴王出于愤怒要求在长安安葬，不再入朝参见皇帝。汉文帝与吴王的嫌隙、博弈，吴王与汉景帝做太子时的旧仇，到汉景帝即位后意欲削减各国封地时终于暴发。以汉景帝平息“七国之乱”为线索，可一探危机治理的中国传统智慧。

一、防祸未萌：机危之动不可不察

《鬼谷子》说：“事有适然，物有成败，机危之动，不可不察。”[①]危机治理的关口，必须前移到危险征兆出现之时，重在风险预防，而非事件发生后救援处置。这些隐患征兆，都有迹象可察可寻。在细心观察分析基础上，提前制定预案处置风险，由此达到防祸于未然目的。

起初，汉文帝为了安抚吴王刘濞而赐予几案、拐杖，但并没有阻止吴王谋反的准备活动。吴王凭借境内冶铜、制盐财利，不断收拢民心，阻止各国到吴国捕捉流亡犯人，庇护各地到吴国的亡命之徒，甚至利用各国逃犯自铸钱币、采制贩卖海盐。其外在迹象实已反映其心理计划。再加上汉朝中央辖郡数量与诸侯辖郡数量的严重不对称性，汉初 54 郡中央直接管辖只有 15 郡，人口 450 余万，而诸侯管辖则 39 郡，人口 850 余万，导致中央严重弱于地方；不论对汉文帝、汉景帝，还是刘濞、其他诸侯王，祸事来临只是早晚问题，危险根源在立国之初即已埋下，在不知不觉的朝堂往来中即已埋下。

“七国之乱”十四年后，司马相如在给新继位的汉武帝刘彻上书时说：“盖明者远见于未萌，而知者避危于无形，祸固多藏于隐微而

①《鬼谷子·本经阴符七术》，第 109 页。

发于人之所忽者也。”[1]可以说是对前车之鉴的极好概括。

所谓祸（禍），甲骨文像大块骨头上刻有很多符号。有甲骨文写作“占”，表示祭祀占卜时显示的凶兆。有甲骨文加“犬”（猎），表示刻写骨头来自猎物。金文省去甲骨文“犬”，将写成，加“示”，强调“祸”之凶兆与祭祀占卜的关系。篆文将金文字形“骨”写成“咼”。造字本义是神因人的过犯而降下死难。隶书楷书将篆文字形写成，写成。简体汉字简化为。《说文解字·示部》：“祸（禍），害也，神不福也，从示，咼声。”[2]

所谓防，金文=（阜，坡度较缓、有如台阶的大土山）+（方，象形古代翻土农具耒）+（土，土堆），造字本义是翻土为堤墙（如山之墙）。篆文承续金文字形。篆文异体字承续金文字形。隶书将篆文字形“阜”写成。《说文解字·𨸏部》：“防，堤也，从𨸏，方声。埅，防，或从土。”[3]

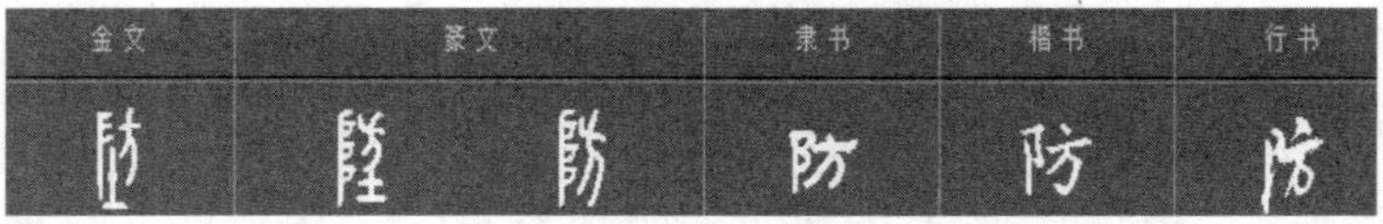

所谓危，甲骨文=（像悬崖）+（像坠石），表示悬崖坠石。有甲骨文、将坠石形象繁化为、。金文=（人）+（厂，山崖）+（巳，“人”的变形），表示人在崖顶，担心坠崖；或人在崖下，担心坠石。造字本义是人因高崖感到害怕，担心坠崖或坠石。篆文承续金文字形。隶书楷书将篆文字形“人”写成，厂写

---

①〔宋〕司马光编撰：《资治通鉴·汉纪九》，第 648 页。

②〔汉〕许慎：《说文解字》，第 3 页。

③〔汉〕许慎：《说文解字》，第 307 页。

成𠂆，卩写成㔾。《说文解字·危部》：“危，在高而惧也，从产，自卩止之。凡危之属皆从危。”[①]

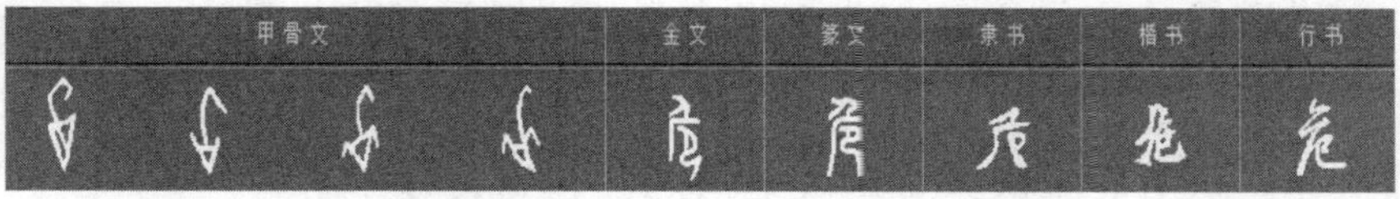

所谓机，篆文机=木（木，树）+几（几，桌案、木质构件，或表示制造构件的微妙原理、显示事物变换变化的微小征兆），造字本义是可以做桌案或特定器械构件的条木。隶书机将篆文字形木写成木。简体汉字用“机”合并简化“機”。《说文解字·木部》：“机，木也，从木，几声。”[②]“机，主发谓之机，从木，幾声。”[③]因此，机不仅是木制几案，更向可以发射、发动的机械构件演进。

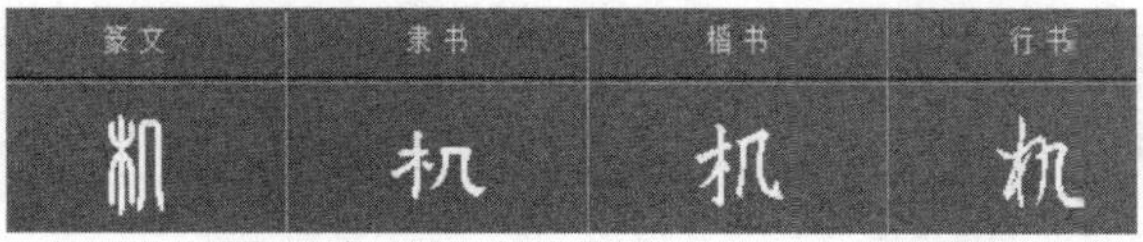

所以，不论机关发动的危险，还是种种导致灾害的可能，都需要在未能发生发展之前，筑牢措施防备。把措施前置，关口前移，可最大程度减缓危机、减少损失，防止进一步的恐惧与祸害漫延。但现实当中往往难免出现防火无名、救火有功的情况。

汉文帝在位时对刘濞采用安抚措施，未能进一步有效预防。晁错上《削藩策》，劝谏汉景帝，“今削之亦反，不削亦反。削之，其反亟，祸小；不削，反迟，祸大”。[④]立定了汉景帝削减吴国封地的决心，但同样没有预防祸乱的严密准备。尤其事发后，晁错劝汉景帝亲自率军讨伐七国之乱，也在一定程度上看出，晁错虽能预见祸小祸大，但对如何避祸缺乏一定的预先设计。苏轼曾撰文《晁错论》，

①〔汉〕许慎：《说文解字》，第 192 页。
②〔汉〕许慎：《说文解字》，第 113 页。
③〔汉〕许慎：《说文解字》，第 118 页。
④〔宋〕司马光编撰：《资治通鉴·汉纪八》，第 578 页。

对晁错不能日夜淬砺东向待敌、勇担重任自将以讨吴楚的行为提出了批评，由此自招杀身之祸。

幸运的是，公元前 157 年汉文帝驾崩时还是给汉景帝留下了应对可能灾难的建议，告诫汉景帝国家危难时周亚夫足以担负军队统帅重任。这对后来汉景帝解决七国之乱起到关键作用。

> 初，文帝且崩，戒太子曰："即有缓急，周亚夫真可任将兵。"及七国反书闻，上乃拜中尉周亚夫为太尉，将三十六将军往击吴、楚，遣曲周侯郦寄击赵，将军栾布击齐；复召窦婴，拜为大将军，使屯荥阳监齐、赵兵。
>
> ——《资治通鉴·汉纪八》

二、专心应对：机危之决静意固志

危害一旦发生，就要静心凝神、静意固志应对。《鬼谷子》言："心安静则神策生，虑深远则计谋成。"而只有"意虑定则心遂安，心遂安则所行不错，神自得矣，得则凝"。[①]反过来说，"意衰威失，精神不专"必然"言外而多变"。[②]由此，古人智慧特别强调"静意固志"，要求"养志务在安己""已安则志意实坚，志意实坚则威势不分"。[③]意志精神不实、不坚、不专，应对过程漫无中心不着边际，"则应对不猛""则志失而心气虚"。[④]既难以针对性解决主要矛盾、障碍堵点，也很难避免节外生枝、导致次生灾害风险。

所谓静（靜），金文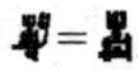（青，表示矿井内开采的原料原色）+（争，象形为两只手相持夺物，各全力以赴）。造字本义是对物而

①《鬼谷子·本经阴符七术》，第 100 页。
②《鬼谷子·本经阴符七术》，第 105 页。
③《鬼谷子·本经阴符七术》，第 99 页。
④《鬼谷子·本经阴符七术》，第 99 页。

言努力保持原态、稳定性，去除变化杂质；对人而言表示努力去除杂念，保持心态稳定。篆文承续金文字形。隶书楷书将篆文字形写成。清心为“静”，无滓为“净”，古籍中常静、净通用。《说文解字·青部》：“静（靜），审也，从青，争声。”①

所谓固，金文=（盾甲）+（束，缠绕、捆束），表示对盾甲进行某种加强。造字本义是给盾甲捆扎或加层，使牢不可破。篆文将金文字形盾写成“古”，中的“一”其实为“甲”，中“口”，实为捆束。隶书继承篆文字形。《说文解字·口部》：“固，四塞也，从口，古声。”②

所谓意，金文=（音，声）+（曰，说），表示言语所传心声。篆文=（音，声）+（心，思想、情感），表示言语所含思想情感。造字本义是心声、心念。隶书将篆文字形写成，写成。《说文解字·心部》：“意，志也，从心察言而知意也。从心，从音。”③

所谓志，金文=（之，前往）+（心，思想、情感），表示心之所向。篆文承续金文字形。造字本义是心之所向、内心追求的

①〔汉〕许慎：《说文解字》，第 101 页。
②〔汉〕许慎：《说文解字》，第 125 页。
③〔汉〕许慎：《说文解字》，第 216 页。

目标。隶书将篆文字形“之”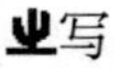写成“士”，将篆文字形写成。《说文解字·心部》：“志，意也，从心，之声。”[①]现代汉语常“意志”并用，“意”与“志”，同属心理能量，区别在于：“意”为浅层的心声心念，情感而发，即兴多变，故有三心二意之说，强调个人心思、想法，具有个体性和主观性、不稳定性；“志”为最深刻的心念、目标，是特定的“意”，具有强烈的理性、稳定性、长期性，故说有志者事竟成。

所以，静意固志，对危机治理者而言，心态思想不能为外物干扰，要保持稳定性。应对克服危机事件的志向必须坚定，不能轻易被改变。由此，应对目标、路线、心理等方面才能集中有效。诚如苏轼《晁错论》所言：“古之立大事者，不唯有超世之才，亦必有坚韧不拔之志。”[②]

“七国之乱”中，汉景帝本与晁错精心计划军事、粮草等应对事宜，但受晁错与袁盎等臣属间怨恨敌对关系、甚至相互打击报复的影响，为求七国尽快罢兵，接受了袁盎“独斩晁错”则“兵不血刃而俱罢”的建议。[③]但结果事与愿违，损失了一位辅臣，七国仍未退兵。

上与错议出军事，错欲令上自将兵而身居守；又言：“徐、僮之旁吴所未下者，可以予吴。”错素与吴相袁盎不善，错所居坐，盎辄避；盎所居坐，错亦避；两人未尝同堂语。及错为御史大夫，使吏按盎受吴王财物，抵罪；诏赦以为庶人。吴、楚

①〔汉〕许慎：《说文解字》，第216页。
② 邓立勋编校：《苏轼全集》（下），合肥：黄山书社，1997年，第25页。
③〔宋〕司马光编撰：《资治通鉴·汉纪八》，第586页。

反，错谓丞、史曰：“袁盎多受吴王金钱，专为蔽匿，言不反；今果反，欲请治盎，宜知其计谋。”丞、史曰：“事未发，治之有绝；今兵西向，治之何益！且盎不宜有谋。”错犹与未决。人有告盎，盎恐，夜见窦婴，为言吴所以反，愿至前，口对状。婴入言，上乃召盎。盎入见，上方与错调兵食。上问盎：“今吴、楚反，于公意何如？”对曰：“不足忧也！”上曰：“吴王即山铸钱，煮海为盐，诱天下豪杰；白头举事，此其计不百全，岂发乎！何以言其无能为也？”对曰：“吴铜盐之利则有之，安得豪杰而诱之！诚令吴得豪杰，亦且辅而为谊，不反矣。吴所诱皆无赖子弟、亡命、铸钱奸人，故相诱以乱。”错曰：“盎策之善。”上曰：“计安出？”盎对曰：“愿屏左右。”上屏人，独错在；盎曰：“臣所言，人臣不得知。”乃屏错。错趋避东厢，甚恨。上卒问盎，对曰：“吴、楚相遗书，言高皇帝王子弟各有分地，今贼臣晁错擅适诸侯，削夺之地，以故反，欲西共诛错，复故地而罢。方今计独有斩错，发使赦吴、楚七国，复其故地，则兵可毋血刃而俱罢。”于是上默然良久，曰：“顾诚何如？吾不爱一人以谢天下。”盎曰：“愚计出此，唯上孰计之！”乃拜盎为太常，密装治行。后十余日，上令丞相青、中尉嘉、廷尉欧劾奏错：“不称主上德信，欲疏群臣、百姓，又欲以城邑予吴，无臣子礼，大逆无道。错当要斩，父母、妻子、同产无少长皆弃市。”制曰：“可。”错殊不知。壬子，上使中尉召错，绐载行市，错衣朝衣斩东市。上乃使袁盎与吴王弟子宗正德侯通使吴。

——《资治通鉴·汉纪八》

三、因化说事：通达计谋以识细微

汉景帝诛晁错，却没有换来七国退兵。一方面说明汉景帝应急意志有所动摇，另一方面说明他对七国之乱的根本原因未能细察深思。后来询问谒者仆射邓公，吴楚是否闻听晁错已死而罢兵，才被邓公道破真相：吴国准备叛乱已几十年。相比之下，汉朝廷的预防准备却相形见绌。

晁错只是急切地打开了吴国蓄谋叛乱的阀门，打开了装魔鬼的瓶子。汉景帝本应根据事态变化，就事论事，借机整顿中央地方关系，理顺治理体制，做好艰苦坚强应对的部署、行动，却因贪急求快而被袁盎乘隙挟私报复、错失重要辅臣。《鬼谷子》说：“事之危也，圣人知之，独保其身。因化说事，通达计谋，以识细微。”[①]汉景帝独保其身之意虽有，但思考问题失于简单，没有深入究察吴国叛乱的内在动因、隐藏动机，此因在他拿棋盘打死吴太子，甚至在刘邦大封同姓王、封刘濞吴王之时就已埋下。以致汉景帝闻听邓公论析，喟然长叹，为听信谗言草率处死晁错而后悔不已。

谒者仆射邓公为校尉，上书言军事，见上，上问曰：“道军所来，闻晁错死，吴、楚罢不？”邓公曰：“吴为反数十岁矣；发怒削地，以诛错为名，其意不在错也。且臣恐天下之士钳口不敢复言矣。”上曰：“何哉？”邓公曰：“夫晁错患诸侯强大不可制，故请削之以尊京师，万世之利也。计画始行，卒受大戮；内杜忠臣之口，外为诸侯报仇，臣窃为陛下不取也。”于是帝喟然长息曰：“公言善，吾亦恨之！”

——《资治通鉴·汉纪八》

所谓细（細），金文=（囟，婴儿初生时之囟门）+（糸，丝线），表示婴儿初生脑门头发如丝。篆文承续金文字形，有篆文

① 《鬼谷子·抵巇第四》，第 36 页。

写成上下结构。造字本义是婴儿初生时脑门发如细丝。隶书楷书細将篆文字形糸写成糸，囟简写成田。简体汉字简化为细。《说文解字·糸部》："细（細），微也，从糸，囟声。"[①]

微，甲骨文=（头部伪装之人）+（棍杖），表示人巧饰装扮以避追打。金文承续甲骨文字形，也有金文加"辵"，强调行进、跑路。造字本义是人因巧饰装扮难被发现，从而躲避追查追捕。篆文综合金文和字形，将人形写成。隶书楷书微将篆文字形写成彳，写成敚。《说文解字·彳部》："微，隐行也，从彳，敚声。《春秋传》曰：'白公其徒微之。'"[②]

所以，对危机治理者言，要善于从各种容易躲藏、隐蔽的对象、行为中，发现并抓住线索，通过思考、计量，判断危机发生根源和发展趋势，以此作为从容制定危机治理措施的主要依据。

四、道贵先制：见几而作不俟终日

危机治理不能迟缓、等待。一旦坚定意志信心，并对危机发生发展做出判断，就要果断采取先期处置措施，越早越好。《周易》有云："君子见几而作，不俟终日。"[③]正是此义。司马光在记载"七国之乱"事件时，特别记述了紧随吴国叛乱的楚王刘戊的三位下属，

①〔汉〕许慎：《说文解字》，第 273 页。
②〔汉〕许慎：《说文解字》，第 37 页。
③《周易·系辞下传》，第 376 页。

同时也是其祖父三位同窗的表现、遭遇，对“见几而作，不俟终日”做了最好说明。

> 初，楚元王好书，与鲁申公、穆生、白生俱受《诗》于浮丘伯。及王楚，以三人为中大夫。穆生不耆酒，元王每置酒，常为穆生设醴。及子夷王、孙王戊即位，常设，后乃忘设焉。穆生退，曰：“可以逝矣！醴酒不设，王之意怠；不去，楚人将钳我于市。”遂称疾卧。申公、白生强起之，曰：“独不念先王之德与？今王一旦失小礼，何足至此！”穆生曰：“《易》称：‘知几其神乎！几者，动之微，吉凶之先见者也。君子见几而作，不俟终日。’先王之所以礼吾三人者，为道存也。今而忽之，是忘道也。忘道之人，胡可与久处，岂为区区之礼哉！”遂谢病去。申公、白生独留。王戊稍淫暴，太傅韦孟作诗讽谏，不听，亦去，居于邹。戊因坐削地事，遂与吴通谋。申公、白生谏戊，戊胥靡之，衣之赭衣，使雅舂于市。休侯富使人谏王。王曰：“季父不吾与，我起，先取季父矣！”休侯惧，乃与母太夫人奔京师。
>
> ——《资治通鉴·汉纪八》

楚元王在世时，对三位老同学很关照，特别对穆生不喝酒的习惯加以尊重，专设甜醴。但到了他的孙子刘戊为王时，则开始怠慢。穆生观察到楚王行为与心理的微妙变化，判断刘戊治国待士之道已然发生改变，及时退出、离开楚国，最终得以自保。而另外两位老同学申公和白生却未能及时感悟这些变化征兆，未听穆生劝说，且考虑已故老同学楚元王恩德，仍坚持留下辅佐刘戊。最终结果，申公、白生因在刘戊随吴王刘濞叛乱时劝谏而遭受刑罚。

五、抵之以法：任计不怒任贤修长

危机事件有自身内在规律，无论如何处置，一般都要经历一个暴发、漫延直至消退、恢复的自然过程。诚如马克思说："一个社会即使探索到了本身运动的自然规律……它还是既不能跳过也不能用法令取消自然的发展阶段。但是它能缩短和减轻分娩的痛苦。"[①]同样，人为的积极治理，虽然不能最终跳过、取消所有意外情况和危机事件的自然过程，但可以充分实现减缓发生、加强准备、减少蔓延、加快消退与恢复、减轻损害之目的。

美国危机管理专家罗伯特·希斯把危机事件过程划分为四个阶段，称为"4R"模式。[②]认为有效的危机管理就是积极计划、准备，围绕 4R 模式开展工作，一个组织的生存能力在根本上依赖于管理者、主管人员和成员应对危机情境的能力。并进一步提出"这种能力包括物质和精神的准备——了解将要发生的事和适应的反应。这种有效生存与反应的能力就是恢复力"。[③]并把恢复力看成有效危机管理的第五个"R"。美国联邦安全管理委员会以此模式为基础进行修正，改成缓和（Mitigation）、预防（Preparation）、反应（Response）、恢复（Recovery），见表 1。

表 1　罗伯特·希斯之危机管理四阶段模式

过程阶段	工作项目
缩减（Reduction）	风险评估与管理
预备（Readiness）	预警、培训、演习
反应（Response）	影响分析、计划、技能要求、审计，展开危机应对

①《马克思恩格斯文集》第 5 卷，第 9-10 页。

② [美]罗伯特·希斯：《危机管理》，王成、宋炳辉、金瑛译，北京：中信出版社 2001 年版，第 22 页。

③ [美]罗伯特·希斯：《危机管理》，第 377 页。

续表

过程阶段	工作项目
恢复（Recovery）	控制危机后，将财产、设备、工作流程、人员恢复到正常状态

国内学者张成福教授也相应把危机管理分成四个阶段，即危机的疏缓、准备、回应、恢复，认为四个阶段是一个系统的循环和过程（见表2）。[①]当然可能还有更多划分方式，比如基于防御—相持—反攻的危机前期、中期、后期三个阶段，等等，在此不再赘举。

表2　张成福教授之危机管理四阶段模式

过程阶段	工作项目
危机的疏缓	有关消除或减少危机出现的机会、影响的活动
危机的准备	预先做出应对计划，以便确定危机出现时如何有效应对
危机的回应	在危机出现后通过各种措施控制或降低危机造成的危害
危机的恢复	采取各种措施恢复社会正常的运作与秩序

总体言之，不论国外国内，这些阶段可在一定程度上反映危机治理过程、阶段的先后难易、轻重缓急等自然特点。由此，即如《鬼谷子》云："当其难易而后为之谋，因自然之道以为实。"[②]根据危机事件阶段内容的轻重缓急难易、顺应客观规律制定实施措施。简言之，即"抵之以法"。[③]

有两个重点值得注意。一是任计不怒。二是任贤修长。所谓任计不怒，如《荀子》云："明主任计不信怒，暗主信怒不任计。计胜

① 张成福：《公共危机管理：全面整合的模式与战略》，《中国行政管理》，2003年第7期。

②《鬼谷子·本经阴符七术》，第110页。

③《鬼谷子·抵巇第四》，第37页。

怒则强，怒胜计则亡。”[①]理性的计划、策略、制度、方法，是危机治理的可靠工具手段；非理性的好恶、喜怒、哀乐情感波动，不善加引导利用，则非危机治理良方。所谓任贤修长，如《荀子》云：“法不能独立，类不能自行，得其人则存，失其人则亡。”[②]且对危机治理而言，其人重在“贤人”“君子”，有德有能之人，唯任贤可以谋划长远、坚持不懈、久久为功，正如《管子》言：“修长在乎任贤。”[③]

计（計），金文=（十，计数）+（言，说话、商谈），表示大量的商谈、筹算。篆文將金文字形写成，写成“十”。造字本义是众人七嘴八舌地商议、谋划、计算。篆文隶书将篆文字形写成。简体汉字简化为计，写成讠。《说文解字·言部》：“计（計），会也，算也，从言，从十。”[④]

贤（賢），本字是“臤”。臤，甲骨文=（臣，官吏）+（又，抓持，掌握、管理），表示有管理才能的官吏。金文承续甲骨文字形。金文再加“貝”（宝物、货币）造“賢”，表示宝贵难得的人才，或赢得宝物、货币的能力。篆文承续金文字形。造字本义是具备出众的管理、执行才能的大臣、人才。古称男子善于管理组织为“贤”，女子心灵手巧为“惠”。隶书楷书將篆文字形写成，写成。简体汉字贤将简化成，简化成贝。《说文解字·贝部》：“贤（賢），多才也，从贝，臤声。”[⑤]

---

①《荀子·哀公》，第 501 页。
②《荀子·君道》，第 190-191 页。
③《管子·版法》，第 68 页。
④〔汉〕许慎：《说文解字》，第 47 页。
⑤〔汉〕许慎：《说文解字》，第 126 页。

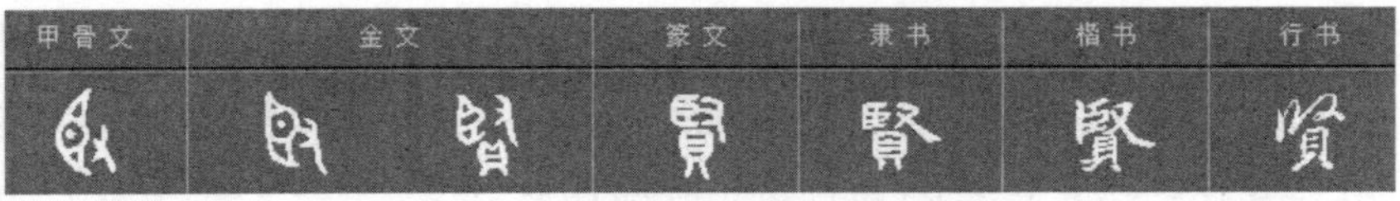

怒，金文=（女，即“奴”的省略，为人役使）+（心，不满态度、思想情感），表示奴妾等对主人役使的不满。篆文将金文字形“女”写成“奴”。造字本义是奴妾对主人无情役使发泄不满。隶书将篆文字形写成，写成。《说文解字·心部》：“怒，恚也，从心，奴声。”①

长（長），甲骨文，像一个人头发飘散之形。有甲骨文像头发飘散、拄着拐杖的老年人。有甲骨文在头发飘散形象基础上加“又”（抓持），表示拄杖老人。古人认为须发为父母所赐不能随意剔剪，因此年龄增大须发越显，成为年老象征。金文突出人头上飘飘之发和拄杖之手。籀文=（头发）+（发簪）+（人），强调头发。篆文在籀文“人”里面加“手”。造字本义是长发飘飘之拄杖、年老之人。隶书将篆文字形“人”与“手”写成。简体汉字将简化成。《说文解字·长部》：“长（長），久远也，从兀，从匕。兀者，高远意也。久则变化。亾声。㐜者，倒亾也。凡长之属皆从长。夫，古文长。，亦古文长。”②

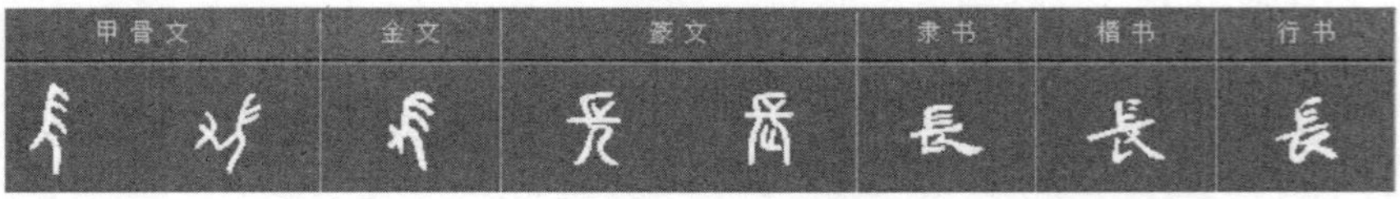

①〔汉〕许慎：《说文解字》，第 221 页。
②〔汉〕许慎：《说文解字》，第 194 页。

所以，真正的危机治理者，必有超人之才，通过理性计算研究与集思广益制定实施应急措施，决不以感情好恶影响计划目标和预期结果实现，放眼大局长远。

初，文帝且崩，戒太子曰："即有缓急，周亚夫真可任将兵。"及七国反书闻，上乃拜中尉周亚夫为太尉，将三十六将军往击吴、楚，遣曲周侯郦寄击赵，将军栾布击齐；复召窦婴，拜为大将军，使屯荥阳监齐、赵兵。

太尉亚夫言于上曰："楚兵剽轻，难与争锋，愿以梁委之，绝其食道，乃可制也。"上许之。亚夫乘六乘传，将会兵荥阳。发至霸上，赵涉遮说亚夫曰："吴王素富，怀辑死士久矣。此知将军且行，必置间人于殽、渑阸狭之间；且兵事尚神密，将军何不从此右去，走蓝田，出武关，抵洛阳！间不过差一二日，直入武库，击鸣鼓。诸侯闻之，以为将军从天而下也。"太尉如其计，至洛阳，喜曰："七国反，吾乘传至此，不自意全。今吾据荥阳，荥阳以东，无足忧者。"使吏搜殽、渑间，果得吴伏兵。乃请赵涉为护军。

太尉引兵东北走昌邑。吴攻梁急，梁数使使条侯求救，条侯不许。又使使诉条侯于上。上使告条侯救梁，亚夫不奉诏，坚壁不出，而使弓高侯等将轻骑兵出淮泗口，绝吴、楚兵后，塞其饷道。梁使中大夫韩安国及楚相张尚弟羽为将军；羽力战，安国持重，乃得颇败吴兵。吴兵欲西，梁城守，不敢西；即走条侯军，会下邑，欲战。条侯坚壁不肯战。吴粮绝卒饥，数挑战，终不出，条侯军中夜惊，内相攻击，扰乱至帐下，亚夫坚卧不起，顷之，复定。吴奔壁东南陬，亚夫使备西北；已而其精兵果奔西北，不得入。吴、楚士卒多饥死叛散，乃引而去。二月，亚夫出精兵追击，大破之。吴王濞弃其军，与壮士数千人夜亡走；楚王戊自杀。

——《资治通鉴·汉纪八》

"七国之乱"前，汉文帝曾临终嘱托汉景帝，如有国难周亚夫可勤王领兵。汉景帝试图以牺牲晁错换得七国退兵之策失败后，终于下定决心，任命周亚夫为太尉，率领36位将军带兵平叛。周亚夫战略计划具有长远性、整体性，牢牢抓住断绝吴楚军队粮道这一关键问题，不为梁国被围求援所动，不为吴军挑战所动，坚壁不战、消耗叛军士气耐力。即使军营内部出现暂时混乱，也保持沉着冷静。待吴军因绝粮而离散时，抓住机会"循间而动"，[①]派精兵追击大破吴兵，仅用三个月即平定"七国之乱"。

综上，"天地无极，人事无穷，各以成其类"。[②]任何事物都有自己内在规律，危机治理亦然。汉景帝平息"七国之乱"事例说明，危机并不可怕，可怕的是缺乏洞察、定力和坚持。洞察危机的细微征兆、变化动因，坚定危机治理的推进计划、人才起用，坚持不懈、避免情绪左右、不为外力所动，是危机治理关键。

①《鬼谷子·本经阴符七术》，第105页。

②《鬼谷子·本经阴符七术》，第108页。

参考文献

一、中文参考文献

中国古典文献

[1] 道德经[M]. 李正西，评注. 合肥：安徽文艺出版社，2003.
[2] 管子[M]. 李山，译注. 北京：中华书局，2016.
[3] 鬼谷子[M]. 贾立芳，译. 北京：北京联合出版公司，2015.
[4] 礼记[M]. 陈澔，注，金晓东，校点. 上海：上海古籍出版社，2016.
[5] 梁启超. 新民说[M]. 张健，注译. 北京：北京理工大学出版社，2016.
[6] 论语[M]. 程昌明，译注. 沈阳：辽宁民族出版社，1996.
[7] 孟子[M]. 方勇，译注. 北京：中华书局，2015.
[8] 尚书[M]. 徐奇堂，译注. 广州：广州出版社，2001.
[9] 商君书[M]. 石磊，译注. 北京：中华书局，2011.
[10] 司马迁. 史记[M]. 北京：中华书局，2009.
[11] 诗经[M]. 韩伦，译注. 南昌：江西人民出版社，2017.
[12] 许慎. 说文解字[M]. 徐铉，校定. 北京：中华书局，2013.
[13] 邓立勋. 苏轼全集：下[M]. 合肥：黄山书社，1997.
[14] 荀子[M]. 方勇，李波，译注. 北京：中华书局，2015.
[15] 周易[M]. 杨天才，译注. 北京：中华书局，2016.
[16] 司马光. 资治通鉴[M]. 沈志华，张宏儒，主编译注. 北京：中华书局，2009.
[17] 中国人民解放军军事科学院军事学院古代兵法译注组. 黄石公

三略译注[M]. 中国人民解放军总参谋部出版局，1965.
[18] 左传[M]. 赵捷，赵英丽，注译. 武汉：崇文书局，2007.

马列经典著作

[19] 马克思恩格斯文集[M]. 1卷. 北京：人民出版社，2009.
[20] 马克思恩格斯文集[M]. 2卷. 北京：人民出版社，2009.
[21] 马克思恩格斯文集[M]. 5卷. 北京：人民出版社，2009.
[22] 马克思恩格斯文集[M]. 8卷. 北京：人民出版社，2009.
[23] 马克思恩格斯选集[M]. 3卷. 北京：人民出版社，2012.
[24] 毛泽东选集[M]. 3卷. 北京：人民出版社，1991.

专著编著

[25] 俞可平. 治理与善治[M]. 北京：社会科学文献出版社，2001.
[26] 王祥之. 图解汉字起源[M]. 北京：北京大学出版社，2009.
[27] 新华字典[M]. 11版. 北京：商务印书馆，2012.
[28] 赵军良，严惠婵. 北宋大儒张载[M]. 西安：太白文艺出版社，2016.

期刊

[29] 张成福. 公共危机管理：全面整合的模式与战略[J]. 中国行政管理，2003（7）.
[30] 周雪光. 寻找中国国家治理的历史线索[J]. 中国社会科学，2019（1）.
[31] 朱亚鹏，丁淑娟. 政策属性与中国社会政策创新的扩散研究[J]. 社会学研究，2016（5）.

译著

[32] [美]埃莉诺·奥斯特罗姆. 公共事物的治理之道：集体行动制度

的演进[M]. 余逊达，陈旭东，译. 上海：上海译文出版社，2012.
[33] [美]詹姆斯·N. 罗西瑙. 没有政府的治理[M]. 张胜军，刘小林，等，译. 南昌：江西人民出版社，2001.
[34] [美]罗伯特·希斯. 危机管理[M]. 王成，宋炳辉. 金瑛，译. 北京：中信出版社，2001.
[35] [美]罗纳德·H. 科斯，等. 财产权利与制度变迁：产权学派与新制度学派译文集[M]. 刘守英，等，译. 上海：格致出版社，上海三联书店，上海人民出版社，2014.
[36] [美]路易斯·亨利·摩尔根. 古代社会：上册[M]. 杨东莼，马雍，马巨，译. 北京：商务印书馆，1981.
[37] [美]曼瑟·奥尔森. 集体行动的逻辑：公共物品与集团理论[M]. 陈郁，郭宇峰，李崇新，译. 上海：上海人民出版社，2018.
[38] 彭和平，竹立家，等. 国外公共行政理论精选[M]. 北京：中共中央党校出版社，1997.
[39] [英]威廉·配第. 赋税论、献给英明人士、货币略论[M]. 陈冬野，译. 北京：商务印书馆，1978.
[40] [美]亚历山大·温特. 国际政治的社会理论[M]. 秦亚青，译. 上海：上海人民出版社，2000.
[41] [英]亚当·斯密. 国民财富的性质和原因的研究：上卷[M]. 郭大力，王亚南，译. 北京：商务印书馆，1974.
[42] [英]亚当·斯密. 国民财富的性质和原因的研究：下卷[M]. 郭大力，王亚南，译. 北京：商务印书馆，1974.

互联网资料

象形字典网：http：//www.vividict.com.

二、外文参考文献

专著

[43] DONAHUE J D. Governance in a globalizing world[M]. Washington: Brookings Institution Press, 2000.

[44] ROGERS E M. Diffusions of innovations[M]. 3th ed, The Free Press, 1983.

[45] BEVIR M, RHODES R A W. Interpreting british governance[M]. London： Routledge, 2003.

[46] SHAFRITZ J M, HYDE A C. Classics of public administration. 4th ed. 中国人民大学出版社,2004.

[47] HUGHES O E. Public management and administration: an introduction[M]. 4th ed. 中国人民大学出版社, 2015.

期刊

[48] CLARK J. Policy diffusion and program scope-research directions[J]. the Journal of Federalism, 1985: 15（4）.